海外珍藏中华瑰宝

本丛书收录了2000余件世界著名博物馆珍藏的中华瑰宝图片，其中不乏孤品、精品、罕见之品，它们展现了华夏五千年璀璨的文明，谱写着中国工艺美术辉煌的历史。

Bronze vessels Lacquerware & Miscellaneous

青铜器 漆器 古玩杂项

张怀林 / 著

北京工艺美术出版社

图书在版编目（CIP）数据

青铜器·漆器·古玩杂项／张怀林著．--北京：北京工
艺美术出版社，2012.1

（海外珍藏中华瑰宝）

ISBN 978-7-5140-0113-6

Ⅰ.①青... Ⅱ.①张... Ⅲ.①青铜器（考古）-研
究-中国②漆器（考古）-研究-中国③古玩-研究-中国
Ⅳ.①K870.4

中国版本图书馆CIP数据核字（2011）第249354号

责任编辑：陈高潮
英文翻译：张 绘
法文翻译：Brian Nichols
摄　　影：张怀林　杨宏伟
封面设计：符 赋
版式设计：印 华
责任印制：宋朝晖

青铜器 漆器 古玩杂项

张怀林　著

出版发行	北京工艺美术出版社
地　　址	北京市东城区和平里七区16号
邮　　编	100013
电　　话	（010）84255105（总编室）
	（010）64283627（编辑室）
	（010）64283671（发行部）
传　　真	（010）64280045／84255105
网　　址	www.gmcbs.cn
经　　销	全国新华书店
印　　刷	北京顺诚彩色印刷有限公司
开　　本	700毫米×1000毫米　1/16
印　　张	8
版　　次	2012年1月第1版
印　　次	2012年1月第1次印刷
印　　数	1～3000
书　　号	ISBN 978-7-5140-0113-6／J·1013
定　　价	48.00元

大英博物馆 *British Museum*

位于伦敦大罗素广场，1753年建立，是世界上建立最早、规模最大的博物馆。共有100多个陈列室，面积7万平方米，藏品600万件，其中中国的历代稀世珍宝达2万多件。

大卫中国艺术基金会 *Percival David Foundation of Chinese Art*

斐·大卫爵士将自己收藏的1700多件中国艺术珍品捐献给伦敦大学，伦敦大学遂设置了"大卫基金会"，并于1952年正式对外开放。 2009年4月起， 全部藏品移至大英博物馆第95号展厅。

维多利亚和阿尔伯特（V&A）博物馆 *Victoria and Albert Museum*

位于伦敦，1852年建立，是世界上最大的装饰艺术及设计博物馆。展品450万件，并设有中国艺术品专馆。1899年，为了纪念维多利亚女王和她的丈夫阿尔伯特改名至今。

吉美国立亚洲艺术博物馆 *Musée national des Arts asiatiques Guimet*

位于巴黎第16区。1889年，由里昂工业家吉美先生创立。1927年，并入法国国家博物馆总部。1945年，接受卢浮宫移来的亚洲艺术展品，因而成为首屈一指的亚洲艺术博物馆。

赛努奇博物馆 *Musée Cernuschi*

设于法国巴黎蒙梭公园旁的亨利·赛努奇古宅内。1898年创建，是欧洲五大亚洲艺术博物馆之一。该馆以陈列亨利·赛努奇长期环球航海旅游所搜集的亚洲艺术品为主，共有艺术珍品12000件。

西班牙国家装饰艺术博物馆 *Museo Nacional de Artes Decorativas*

位于马德里蒙塔班街12号，建于1851年，欧洲著名装饰艺术博物馆之一。以收藏文艺复兴、巴洛克、洛可可及19世纪各国家具和装饰工艺品为主，藏品90000件。

　　中国工艺美术是华夏文明熠熠闪光的瑰宝，是我国广大人民劳动与智慧的结晶，它见证了中华五千年光辉而曲折的发展历程，铭刻着数不尽的文化和科技信息。

　　目前，有相当数量的中华瑰宝正静静地躺在世界各大博物馆的展柜里，向来自地球各方的参观者默默地讲述着：在遥远的东方，有一个伟大而古老的中华民族，这个民族有着多么光辉而灿烂的历史和文明！

　　这些中华瑰宝，有些是陆地和海上两条丝绸之路上的经济贸易"使者"，也有些是在积贫积弱的那段历史时期下无知和屈辱的牺牲品。

　　说它们宝贵，并不在于拍卖会上拍出的天价，而在于它们的唯一性和不可再生性。这里有存世唯一一对元代纪年款的至正青花象耳大瓶，有国内绝迹的明洪武款青花器，有近几年才听说的克拉克瓷和从未见过的五彩缤纷的外销瓷，一些在国内只有几件的洒蓝碗、暗花枢府釉器、霁蓝龙纹梅瓶、宣德釉下三鱼纹高脚杯，有存世独此一件的龙山文化时期鹰饰镂空玉璇玑，存世两件之一的虎食人形青铜提梁卣……

　　当我在异国他乡，徜徉于这些出自本民族之手而自己却十分陌生的国之瑰宝面前时，出于一个出版工作者的本能和责任感，陶醉与感叹之余，我的第一个念头就是把它们装在书里带回去，与我的同胞分享。

　　面对这一件件精美而久违了的宝器倩影，你可以在茶余饭后沉醉陶冶，可以追思华夏五千年沧桑沉浮，它可以引领你步入收藏世界的大门并帮助你积累鉴赏古玩的常识，可以比对你的收藏品雌雄真伪，可以为你的论著寻找佐证或修正你的相关学术论点，也可以重新找回曾经中断了的那一段段工艺美术的历史……

张怀林

目录

青铜器   1

漆器   43

古玩杂项   69

    一、铜镜   69

    二、金银器   83

    三、竹木雕   99

    四、石雕   107

    五、牙角雕   111

    六、玛瑙器   115

    七、紫砂器   116

青铜器

青铜是由红铜和锡、镍、铅、磷等多种化学元素混合构成的一种合金，青铜器则是指以青铜为基本原料制成的器物，古时候也称"金"或"吉金"。

青铜器最早出现于5000年前美索不达米亚地区的苏美尔–阿卡德文明时期。美索不达米亚是希腊语"两河流域"的意思，即今天伊拉克境内的幼发拉底河和底格里斯河一带。苏美尔人和阿卡德人将青铜用来制造兵器和国王肖像（附图1）。

中国青铜器最早出现于4000年前的第一个奴隶制王朝——夏朝，相传夏禹王曾用各诸侯朝贡的铜铸造了九只大鼎，作为国家政权的象征，也掀开了华夏民族青铜铸造历史的第一页。经过商周，直至秦汉，在两千多年中，青铜器走过了成熟、鼎盛和衰微几个阶段，这一时期泛称"青铜时代"。青铜时代是人类告别原始石器时代，开始步入文明社会的重要阶段。

附图1　萨尔贡一世头像 青铜
前2400
伊拉克国立博物馆藏
萨尔贡一世是古代两河流域阿卡德王朝的开创者，是世界上第一个建立常备军的君主。他是美索不达米亚地区最早的统一者。阿卡德的楔形文字，是古巴比伦、亚述文字的雏形。

1

奴隶社会"国之大事，在祀与戎"。为了维护国家的稳定，奴隶王朝的统治阶级，对内推行一套完整、系统的礼治制度；对外，加强军队的战斗力，牢牢掌握对周边其他民族的控制权。青铜器这一当时最先进的生产力，理所当然地担负起为奴隶社会上层建筑服务的首要任务——制作礼器和兵器。大奴隶主、贵族垄断了青铜器的制造权，制作出各种类型的礼器，一来以此作为维持等级秩序、阶级关系和贵族权威的信物，二来用以颂扬祖先和本氏族在野蛮吞并争战中的"丰功伟绩"。这些青铜礼器或陈设在宗庙、宫殿之中，在祭祀、朝聘、宴飨以及各种典礼仪式上使用；或作为随葬品深藏于奴隶主、贵族的墓穴之内。

青铜礼器主要有炊器、食器、酒器、水器、乐器和杂器。

炊器有：鼎、鬲（lì）、甗（yǎn）、盨（xǔ）等；

食器有：簋（guǐ）、盂、簠（fǔ）、豆、俎（zǔ）、敦（duì）等；

酒器有：爵、斝（jiǎ）、觯（zhì）、觚（gū）、尊、壶、罍（léi，也作水器）、卣（yǒu）、觥（gōng）、方彝、瓿（bù）、盉（hé，也作水器）、角（jué）、斗、瓒（zàn）、缶（fǒu）等；

水器有：盘、匜（yí）、鉴等；

乐器有：铙（náo）、铃、钲（zhēng）、钟、镈（bó）、鼓等；

杂器有：罐、方形器、箕形器等。

礼器在使用时，常常要显示出尊卑贵贱的等级差别。《仪礼·特牲礼记》注"爵一升,觚二升,觯三升,角四升,散五升"，《礼记·礼器》中写道"宗庙之祭，尊者举觯，卑者举角"；《春秋公羊解诂》云"礼祭：天子九鼎、诸侯七、卿大夫五、元士三也"，《孟子·梁惠王下》记载道"前以士，后以大夫；前以三鼎，而后以五鼎"，说孟子丧父时身为士，乃以三鼎进行祭奠，后丧母时已晋升为大夫，则以五鼎祭奠。不同身份的人不仅使用礼器的数量不一样，而且，不同等级的礼器所盛放的物品也有不相同的规定。随葬时所用的青铜器物也是有等级差别的：商朝时贵族随葬以青铜觚、爵为中心器具，小贵族随葬只能用觚、爵各一只，随着贵族身份的提高，觚、爵数量也有所增加。商王后妇好墓内发现觚54只，爵40只，这便是商代贵族等级差别在青铜礼器中的突出体现。

由于青铜制造时在红铜中加了锡，其硬度比红铜高了两倍多。用青铜制作的兵器，与木、石兵器相比，其威力之大是显而易见的。夏、商、周几朝拥有青铜制造技术，军队的战斗力极大提高，为奴隶主王朝对外开疆辟土，对内镇压奴隶起义起了巨大的作用。当时的兵器主要有钺、戈、矛、刀、镞、弓形器、胄等。又因为青铜的熔点比较低，只在800℃左右，比较容易熔化和铸造成型，因而青铜除了制作礼器、兵器外，还大量用于制作生产工具，大大地提高了生产的效率。青铜工具有铲、斧、锛、凿、锯、钻、刻刀等。另外，当时的车马器、货币、玺印、镜、度量衡和其他用具，也多用青铜制作。车马器有镳（biāo）、泡、策、勒、当卢等。

青铜器不仅有品种繁多的器型，而且还有着丰富多彩的纹饰，这些精彩的纹饰较多地体现在礼器上。《礼记·礼器》中说道："三牲鱼腊，四海九州之美味；笾豆之荐，四时之和气也；内（纳）金（礼器），示和也。"《左传·宣公三年》又说："铸鼎象物，百物而为之备，使民知神奸……用能协于上下以承天休。"以鼎为代表的礼器，其功能不仅是为了"纳物"、"示和"，而且还有"象物"的作用。"象物"的意思，是指在器物上制作出人们所崇拜的神灵的图像。其实，这一功能是有传统的，早在原始社会，人们就已把自己所崇拜的图像绘制在彩陶器物之上。不过，那时人们崇拜的多为大自然中的植物或动物，亲切而温和；而奴隶社会人们崇拜的多是神物，恐怖而狰厉。

饕餮纹就是夏末、商朝和周朝早期青铜器中最常见纹饰之一。最早的河南偃师二里头夏文化青铜器上就已出现饕餮纹，之后的商及周初的青铜器上，饕餮纹更是频频现身。饕餮纹也叫"兽面纹"，没有固定的形象，有的像龙、或虎、或牛、或羊、或鹿；有的像凤或鸟；也有的像人。这些形象并非自然界中的人、兽或禽，而是神物，是一些被当时的巫、尹们幻想出来的"神"的象征，它们神秘、恐怖，但具有超世间的无边威力，可以驱除一切凶险、邪恶，保护江山社稷和万民百姓，"能协于上下以承天休"。

青铜器上的纹饰除了饕餮纹外，还有夔纹、龙纹、蟠螭纹、凤纹、鸟纹、蝉纹、蚕纹、象纹、鱼纹、龟纹、贝纹、云雷纹、勾连雷纹、乳钉纹等多种，这些纹饰并非同时出现，而是分别出现在不同时期、不同地区的青铜

器上。

夏朝虽有禹制九鼎的传说，但至今没有见到实物，夏朝其他的青铜器出土也很少。从商代起，青铜器才开始逐步进入繁盛期。

商代早期礼器器型有爵、斝、盉、觚、鼎、盘、罍、鬲等，中期出现卣和瓿，晚期又多了甗、尊、簋、彝、觯、壶、觥、斗、瓒等。

早期纹饰以饕餮纹为主，造型简单质朴，线条宽粗，为单层花纹，有乳丁和高浮雕牺首装饰；中期纹饰除了饕餮纹外，又有了鱼纹、龟纹、线条趋向细密、繁复，出现了高浮雕；晚期流行尾部下卷的饕餮纹，增加了夔纹、蝉纹、小鸟纹和勾连云雷纹等，主纹饰下衬云雷纹底，在浮雕上又饰花纹，形成"三层纹饰"风格，器身加饰扉棱，鋬、提梁两端饰兽首。

西周早期青铜礼器的器型、纹饰基本与商晚期差不多，只是斝、觚、罍逐渐少见；西周中期爵、觯、尊、卣也渐减少，壶成为主要酒器；西周晚期饮食器出现盨、簠，水器中匜取代了盉。

商代随葬品以酒器觚、爵为中心组合，表现了当时饮酒之风盛行的民俗，西周早期延续了这一风尚，只是随葬品组合改为酒器爵与觯；到了西周中期，随葬品改由饮食器鼎、簋组合，反映了当时嗜酒之风已有所收敛。

西周中期以后，饕餮纹逐渐被淘汰，夔龙纹和鸟纹也不见了，出现了龙纹、大型凤鸟纹、瓦纹、窃曲纹、重环纹、垂鳞纹、波曲纹等新纹饰，风格渐趋素朴，减少了繁复的扉棱，以环带纹饰取代了集群纹饰。

进入春秋战国以后，奴隶制度逐渐开始瓦解，"祀神"已经不再是"国之大事"，礼乐制度也开始"礼崩乐坏"，诸侯、大夫们纷纷"僭越"，他们所用的礼器有时比天子还要奢华，青铜礼器已经失去了"明尊卑，别上下"的礼制作用；维护统治阶级的各种典章制度、重大活动，已不靠在器物上铭文公示或记录，而是依靠条文制度及竹木简记载，青铜器的功能大为削弱，制作规模本该相应衰减，但这一时期却是代表先进生产力的封建社会逐步形成的时期，社会的进步，反而促进了青铜器在制作水平上的更加提高，只是器型和纹饰风格有所改变而已。

盂鼎、盖簋、敦、莲瓣盖壶、尊缶、提梁盉、虺纹簠、鉴、盥缶、盘、匜、盥鼎为这一时期主要饮食器、酒器和盥器；消失了几百年的觚形尊这时又露面了；甬钟、钮钟、铃钟和平口钮钟等编钟及钩、钲、于等青铜乐器，在长江中下游地区较为盛行；日常生活用器如铜镜等，此时得到了普遍发展。

纹饰制作开始强调艺术水平和审美价值，总体上倾向于精丽、细密、繁缛风格。饕餮纹虽被保留，但以往的恐怖狞厉被浓厚的装饰趣味取代；常见的纹饰有具象变形的蟠螭纹、蟠虺纹、羽纹（波浪纹）、贝纹、垂叶纹等，也有抽象图案云纹、菱纹、勾连纹、三角纹等，这些纹饰变幻万端、绚丽耀目；最为突出的是将现实生活中贵族的宴乐、骑马、弋射，民间的农耕、采桑、渔猎，以及军事上的水陆攻战等内容，搬进了青铜器的纹饰之中，使器物与人之间变得更为亲近，人的生存价值开始受到肯定，神性的权威逐渐被淡化。

中国古代青铜器区别于其他国家古代青铜器的一个重要的特征，就是在青铜器上出现了中华民族最早的文字之一——"金文"（也叫"钟鼎文"）。金文最早发现于商代中期，比发现殷墟甲骨文的年代略早，甲骨文在殷商灭亡后就消失了，而金文却一直沿用至周末。商代中后期铭文为祭祀的日期、庙号、族名和作器者名等，字数较少，一般为几字至几十字。西周时期铸铭多具系年记事性质，对研究西周青铜器的编年分期及铭文辨识提供了重要依据；铭文字数也有明显增加，如宝鸡市岐山出土的西周晚期青铜毛公鼎上的铭文多达499字。秦灭六国后，推行"书同文"制度，即以秦"小篆"统一中国文字，金文至此废止。

青铜器上铭刻的这些或为颂扬祖先及王侯们的功绩，或记录当时的重大活动及历史事件，诸如祀典、赐命、诏书、征战、围猎、盟约等（如图30附图）内容，都是当时社会生活的真实反映。因此，商周时期的青铜器铭文，也是我国最早、最珍贵的一部史书。

据1985年容庚《金文编》修订第四版编录，目前我国已征集到的青铜器铭文共计3722字，其中可以识别的字有2420个。

商周时期的青铜器一般都是用陶范铸制。颜色陶范是手工制作，所以不可能制作出两件一模一样的陶范。铸造时也是一范一器，弃模翻铸，这样，无论如何也铸造不出两件纹饰完全相同的青铜器来。我们收藏界的朋友们应特别小心，当你发现有两件一模一样的青铜器藏品时，其中肯定有一件是赝品，或二者皆为伪器。不过，有些简单的小件青铜器如镞头等，当时也有用石模翻制的，可能会出现一模多器现象，另当别论。

到了战国末期，铁器的发明，在硬度上大大超过了青铜器，青铜兵器、工具已逐步被铁器所取代。瓷器烧造已日趋成熟，漆器也发展到了高峰期。在日常用品中，轻巧、美观、廉价、实用的漆器和瓷器，使笨重、昂贵的青铜器相形见绌，加之礼器权威的丧失，这个时候，青铜器差不多已经失去了所有的功能，等待它的命运只有退出历史舞台。

不过，辉煌了两千多年的青铜器，在人们心目中，其尊贵的印象久久挥之不去。其后的秦汉时期，铸造青铜器风气依然未减，并由此演绎了青铜制作的最后辉煌。

秦汉时期，青铜器在器型方面，除了在随葬品中还有一些尊、壶之类的器皿外，大型的礼乐之器已经销声匿迹。不过，在帝王墓葬中却出现了一些大型青铜车马圆雕，显示了秦汉时期青铜器的非凡气派，如秦始皇陵出土的两副大型彩绘青铜驷马乘舆，长度达317厘米。这一时期，青铜器已不再专属贵族、士大夫，而开始走进千家万户，镜、灯、熏炉、带钩、钱币等一些日常用具，成为青铜制作的主要品种。在制作技术上，运用了错金银、镶嵌、鎏金等新工艺，使青铜器具愈显高贵、华丽。

青铜器在汉代亮出其最后一抹余晖之后，开始风光远去。隋唐以后，除了悬于街心和寺院钟楼的大型铜钟之外，青铜多用来制作铜镜、钱币等一些小型物品。以后历代制作的青铜"礼器"，纯属出于对历史的怀思与追慕而制作的仿品而已。

由于青铜器有着两千多年的辉煌历史，分布地域广泛，除了中原地区外，东北、西北、巴蜀、岭南，甚至西藏及东海渔岛上，都有青铜器出土。青铜器型繁多、纹饰生动、铸造工艺高超，又早早地退出了历史舞台，因而，青铜器也是最早进入人们收藏视野的藏品。从西周起就有收集前朝青铜器的记载，宋代已开始系统收藏和研究青铜器，并逐步形成了"金石学"。《考古图》《博古图》《历代钟鼎彝器款识法帖》《啸堂集古录》等，就是宋代研究古青铜器的学术专著。清乾隆至民国时期，"金石学"研究达到鼎盛，青铜器收藏也蔚然成风。青铜器更是西方收藏家收藏东方艺术品的首选。近年，国内收藏界也将收藏目光从宫廷御制和明清艺术品逐渐移至青铜器。

有一点需要说明的是，目前民间流传汉代前的青铜器极为罕见，尤其是青铜礼器简直是微乎其微。

汉代以前，青铜器是皇家贵族的专属品，普通老百姓是见不到的。帝王及贵族们归西之后，将它们喜爱的青铜器随葬于墓中。商朝由于内乱和黄河泛滥而五易其都，春秋战国时诸侯间相互吞并，迁都及王侯逃离前将大量笨重的青铜器埋藏于地下。《史记・秦始皇本纪》载：秦始皇二十六年（前246）"收天下兵（器），聚之咸阳，销以为钟鐻金（铜）人十二，重各千石，置廷宫中。"这12个铜人，最大的高约16米，重达87吨。钟鐻即悬钟的支架，有钟架必有钟，有关文献虽没有记载，但可以推测，钟架如此之高大，铜钟之巨可想而知。熔铸如此大量的青铜，恐非全是兵器，秦以外其他六国的青铜礼器，除了埋于地下的，其余的应该大部分都被秦始皇"销以为钟鐻金人"了。清乾隆《西清古鉴疏・跋》中写道：自秦始皇销铜之后，夏、商、周青铜器几乎见不到了，以至于汉、唐学者无法对其进行考证。宋代后，虽陆续出土了一些青铜器，又在其后历代帝王熔铸钱币时大量被毁。20世纪初，欧美古董商在我国民间疯狂收购青铜器并运往海外，民间收藏的更多的青铜器被无知的老百姓砸毁当"废铜"换钱了。青铜器经历如此种种劫难，幸存下来的真是凤毛麟角了。当今国内大小博物馆收藏的青铜器不少来自建国后墓葬和窖藏出土，有的甚至是从废品收购站里捡回来的。民间流传一些青铜杂器、铜镜、钱币尚有可能，如果见到青铜礼器，仿制品可能性非常大，我们的收藏爱好者在"捡漏"时应有这个思想准备。目前，收藏家手中青铜器的"开门"货，一件至少在百万元以上。2010年9月16日，纽约佳士得拍卖行拍出一只商代晚期的青铜连盖方彝，成交价333.05万美元，约合人民币2260.4万元。

图1 兽面斝

商早期（前16—前14世纪）

河南二里岗

吉美博物馆藏

1950年，在河南省郑州市东南二里岗发现古代商城遗址，其商代文化遗存也称为"二里岗文化"，比安阳殷墟的晚商文化要早，比偃师二里头遗址的商文化略晚。

图2 方斝

商晚期（前13—前12世纪）

吉美博物馆藏

斝（jiǎ），礼器，小型饮酒或温酒器，作用类似爵，但无流（流酒槽）；圆或方形器身；侈口，口沿有一二柱；有盖或无盖；单耳或无耳；三、四足，有锥状空足、实足，柱形足，袋足等；青铜斝是仿照陶器斝制作的，最早出现于夏朝，流行于商代。《诗经·大雅·行苇》中写道："或献或酢，洗爵奠斝"，意思是主人、宾客用爵和斝相互敬酒。

该器族徽铭"□母辛"。

注：我们目前所使用的各种青铜器名称，基本为宋代金石学家所定。

图3 双龙乳钉纹 方鼎
商晚期（前13–前11世纪）
河南安阳
赛努奇博物馆藏

鼎是我国青铜文化的代表器物，礼器中的炊器，用以烹煮和盛贮肉食。有
三足圆鼎、四足方鼎和有盖、无盖之分。一种形制由大到小成组的"列
鼎"，是分别给不同身份等级的奴隶主贵族在祭奠或随葬时使用的，周朝
礼制规定：天子用九鼎，诸侯七，大夫五，士三或一鼎。鼎曾被视为传国
重器，国家和权力的象征。"鼎"字也被赋予尊贵、显赫、盛大等涵义，
如：鼎盛、鼎力、一言九鼎、大名鼎鼎等。

图4 方罍

商晚期（前13—前11世纪）

赛努奇博物馆藏

罍（léi），商早期至春秋中期礼器，大型盛酒器。《诗经·周南·卷耳》
云："我姑酌彼金罍，维以不永怀。""金罍"即青铜罍，有方、圆两种。
小口、广肩、深腹、圈足；盖有兽钮或为斜坡式屋顶状；肩部有两耳或四
耳，耳呈环形或兽首形；器一侧下腹近足处有穿鼻；纹饰多为夔龙、蟠
龙、饕餮与蕉叶纹。罍也作盛水器。

图5　枭形 封顶盉

商　二里岗晚期–安阳中期（前13–前12世纪）

吉美博物馆藏

盉（hé），酒器或水器，盛行于商早期至周中期。器上有流、鋬（pàn，把手。春秋战国时出现过提梁），三足（有的为袋足）。作为酒器用的盉，主要是以水来调和酒味的浓淡，《说文解字》曰："盉，调味也"；作为水器用的盉，相当今天的水壶，洗手时往手上浇水用。

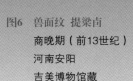

图6　兽面纹 提梁卣

商晚期（前13世纪）

河南安阳

吉美博物馆藏

卣（yǒu），商中期至西周中期的礼器，盛香酒的酒器，主要于祭祖时使用。造型多为椭圆形，也有方形、直筒形或鸟兽形；直口或撇口，颈微束，垂腹，圈足，有提梁者称"提梁卣"。该器底族徽铭"菔"（fú，萝卜）。

青铜器·Bronze vessels

11

图7 虎食人 提梁卣

商晚期（前13–前11世纪）

湖南出土

赛努奇博物馆藏

该卣似一件圆雕，器身为一只踞虎，以后足及尾构成卣的三足，虎气势汹汹，两耳竖起，瞠目立眉，张嘴獠牙，前爪抱持一人，正欲噬食，而人手推虎肩，脚蹬虎足，惶惶然作挣扎状，情景恐怖、残忍。该卣通高35.7厘米，上部有椭圆形器口，立鹿钮盖，饰雷纹地夔纹兽首端提梁，虎背饰牛首纹，并设一扉棱，面、颈侧饰鳞纹和云纹。这件器物的装饰功能，见仁见智，说法不一。笔者以为，当时它是作为一种神秘、恐怖、强权与暴戾的象征。虎食人卣共出土两件，另一件为日本泉屋博物馆收藏。

图8 乳钉雷纹 瓿

商晚期（前13–前12世纪）

河南安阳

吉美博物馆藏

瓿（bù），坛子状的盛酒器，亦用于盛
水或盛酱。敛口，广肩，圆腹较矮，下
有圈足，有的有耳或盖。器身纹饰多为
饕餮、乳钉、云雷纹。瓿使用的年代较
长，直至唐代仍有青铜瓿出现。
该器内心有龟徽。

图9 鸟形钮 瓿盖

商晚期（前13–前12世纪）

湖南长沙出土

吉美博物馆藏

图10　方彝
商晚期（前13-前11世纪）
大英博物馆藏

方彝，盛酒器，于商晚期至西周中期流行。长方形，直口，直腹，有盖，盖
呈屋顶形，器身遍饰云雷纹地兽面、动物等纹，有4至8条扉棱，方圈足。

附图　方彝氏族标志（拓片）
大英博物馆藏

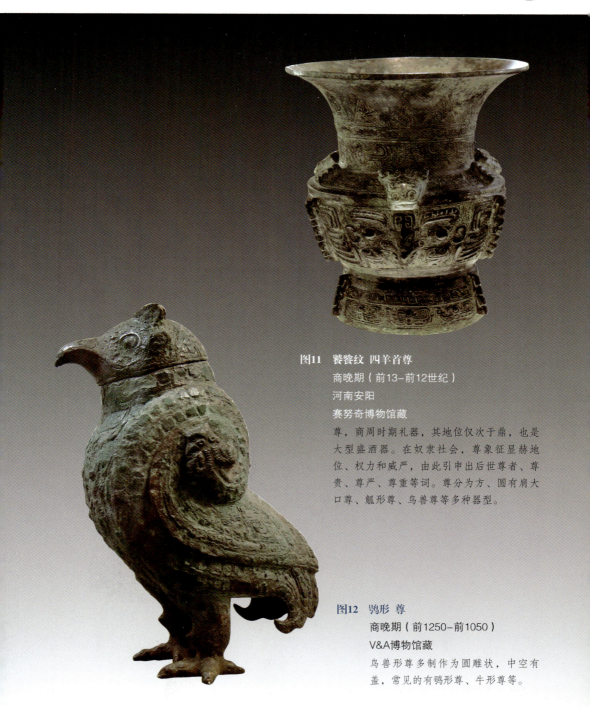

图11　饕餮纹 四羊首尊

商晚期（前13—前12世纪）

河南安阳

赛努奇博物馆藏

尊，商周时期礼器，其地位仅次于鼎，也是大型盛酒器。在奴隶社会，尊象征显赫地位、权力和威严，由此引申出后世尊者、尊贵、尊严、尊重等词。尊分为方、圆有肩大口尊、觚形尊、鸟兽尊等多种器型。

图12　鸮形 尊

商晚期（前1250—前1050）

V&A博物馆藏

鸟兽形尊多制作为圆雕状，中空有盖，常见的有鸮形尊、牛形尊等。

图13 甗

商晚期（前13—前11世纪）

赛努奇博物馆藏

甗（yǎn），商晚期至西周时期礼器，
炊器，蒸饭用。上层盛饭，下层盛水，
中有箅（bì），有上下连体和分体两
种。西周末作为随葬礼器常与鼎、簋、
豆、壶等成组。

图14 瓒

商晚期（前13—前12世纪）

河南安阳

吉美博物馆藏

瓒（zàn），挹（yì，舀）酒器，长
柄，前端作杯状，从储酒器内舀酒用
的勺。

该器心铭文"亚囗"。

图15　蜼纹壶（盛酒器）

商晚期（前13–前12世纪）

吉美博物馆藏

壶，大型盛酒器。流行时间最长，从商一直到汉。器型变化最多，有圆壶、椭圆壶、方壶、瓠壶、扁壶等。多为长颈垂腹，也有圆腹、丰肩敛腹、橄榄腹等。无耳或有贯耳、兽首耳、环耳、兽首衔环耳，有的有鼻，瓠壶有系。无盖或有盖，有的盖上有环形或动物钮。纹饰有饕餮纹、夔纹、螭纹、虺纹、蟠虺纹、凤纹、动物纹、人物纹、云纹、弦纹或素面无纹。几个朝代的器型、纹饰各有不同。

图16 饕餮纹 爵
商晚期（前12-前11世纪）
河南安阳
吉美博物馆藏

爵，最早出现的青铜礼器之一，煮酒、饮酒器。《说文解字》曰："爵，礼器也，角雀之形，中有鬯（chàng，祭祀用酒）酒。"古酒具代表性器物。流行于夏、商及西周中期。夏爵胎薄、质粗，器身椭圆，多素面无纹，长狭流，短尾，流口无柱，平底，三足细，鋬宽有镂孔；商初口设短柱；商中期后，圆身、圆底，流口设一、二高柱，粗棱足，厚器身；商晚期至西周早期爵体厚重，有扉棱、饕餮、云雷、蕉叶等纹饰；西周前期纹饰繁缛精美，云雷纹地，多涡体夔纹及鸟纹等两、三层花纹，偶有扉棱，柱设流口与鋬间，刀片状足，卵底。铜爵铭文铸于鋬内侧，多为两字。

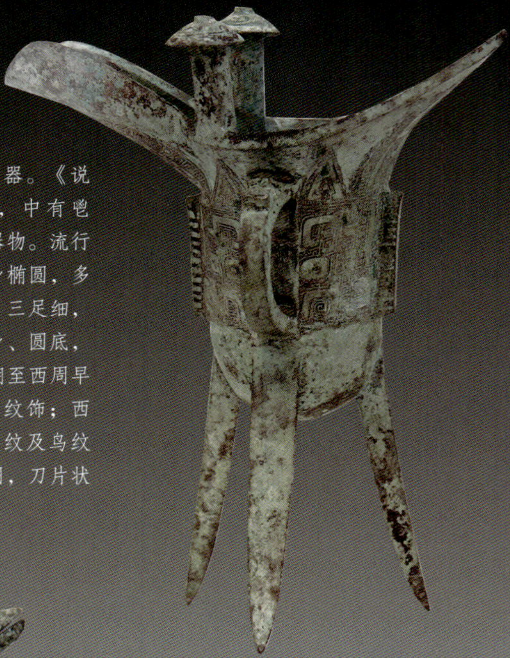

图17 角
西周早期（前10世纪）
陕西
吉美博物馆藏

角（jué），夏、商、周时期下级官吏使用的饮酒器，似爵，容量比爵大四倍。多有盖，鋬钮或飞鸟钮，无柱、流，两端皆尾。西周中期后渐消失。
该器鋬内和盖内有族徽铭"析子孙父乙"。

图18 饕餮纹 夔足圆鼎
商晚期（前12–前11世纪）
吉美博物馆藏
器内铭"□父戊"。

图19 兽面蝉纹 圆鼎
西周早期（前10世纪）
中国北方
吉美博物馆藏

图20　兽面纹 觚
商晚期（前12–前11世纪）
河南安阳
吉美博物馆藏

觚（gū），商早期至西周早期盛酒器，商朝贵族随葬主器。觚有圆形和方形之分，身细长，中腰更细，口沿和圈足外撇，器身有蚕、饕餮、蕉叶等纹饰，也有的素面无纹。抓身下腹部常有一段凸起，于近圈足处用两段扉棱作为装饰。西周后期觚逐渐消失。

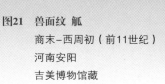

图21　兽面纹 觚
商末–西周初（前11世纪）
河南安阳
吉美博物馆藏

图22 鱼龟纹 夔鸟盘
商末–西周初（前12–前11世纪）
吉美博物馆藏
水器有盛水器、承水器、注水器和挹水器四种。盘，承水器，洗手时用来
接流下来的水。浅腹，高圈足。商代与盉一起使用，西周后常与匜同出。

图23 凤鸟纹 双龙耳盘
西周中期（前10–前9世纪）
吉美博物馆藏
盘心铭"史从作宝盘"。

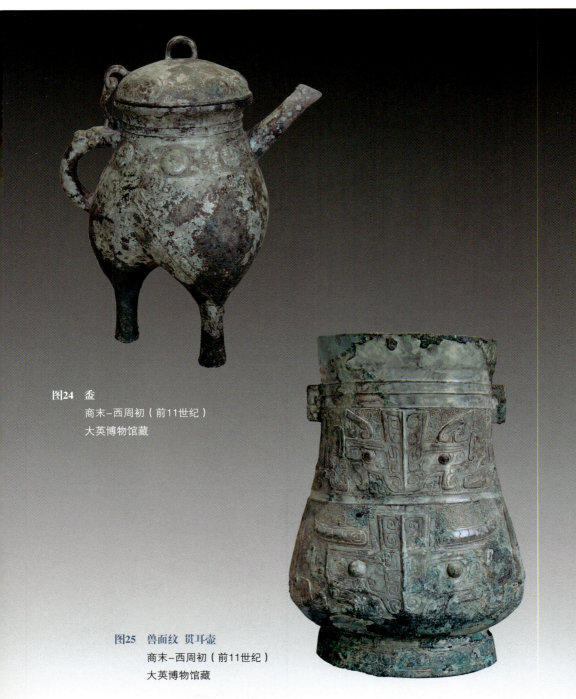

图24　盉
商末–西周初（前11世纪）
大英博物馆藏

图25　兽面纹 贯耳壶
商末–西周初（前11世纪）
大英博物馆藏

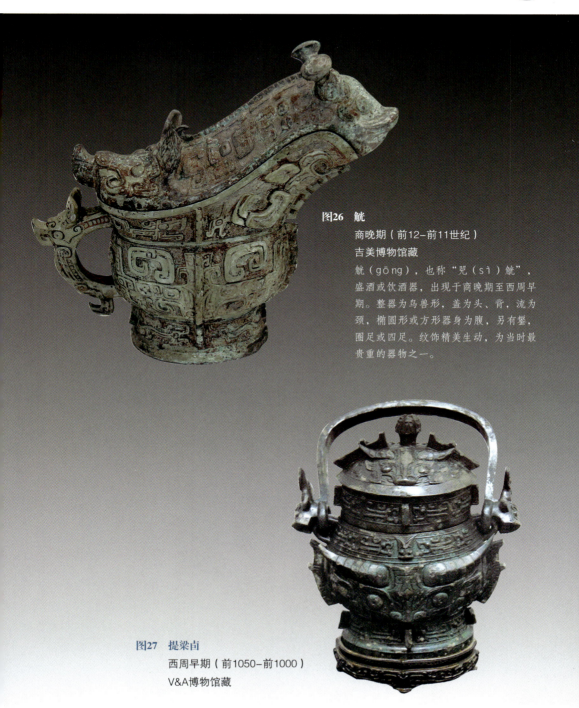

图26 觥
商晚期（前12–前11世纪）
吉美博物馆藏

觥（gōng），也称"兕（sì）觥"，
盛酒或饮酒器，出现于商晚期至西周早
期。整器为鸟兽形，盖为头、背，流为
颈，椭圆形或方形器身为腹，另有鋬，
圈足或四足。纹饰精美生动，为当时最
贵重的器物之一。

图27 提梁卣
西周早期（前1050–前1000）
V&A博物馆藏

23

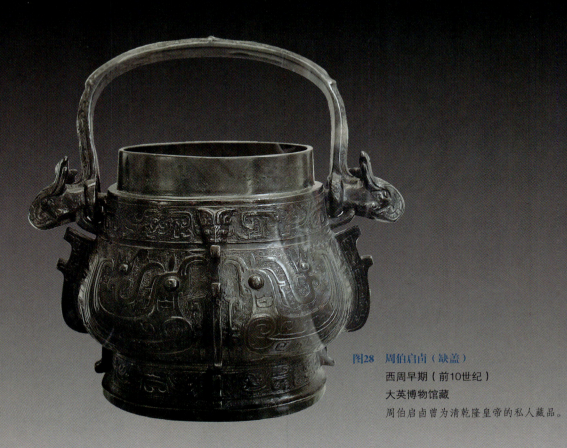

图28 周伯启卣（缺盖）
西周早期（前10世纪）
大英博物馆藏
周伯启卣曾为清乾隆皇帝的私人藏品。

附图《西清古鉴疏》卷一五

清 乾隆（1749～1755）

《西清古鉴疏》是清乾隆年间编撰的一部记载清宫廷所藏古青铜器的大型谱录，正文四十卷，附《钱录》十六卷（历代货币著录），共收录商、周至唐代铜器（包括铜镜）1529件，重点为商、周彝器。每器附一精致白描绘图，说明文以楷书撰写，记录器物大小尺寸，钩摹出器物上的铭文并加以注释，对器物的年代、出处等均有翔实考证。该卷第十三页录入的正是图28的"周伯启卣"。

图29　簋

西周（前1050-前771）

赛努奇博物馆藏

簋（guǐ），食器，盛煮熟的黍稷等食物用，小者似碗，大者似饭桶，周历王簋，高59厘米，重60公斤。簋也是商代晚期、西周、春秋时期重要礼器之一，在祭祀和宴飨时，以偶数组合与奇数的列鼎相配，供不同身份的王公贵族使用。据史书记载：天子用九鼎八簋，诸侯七鼎六簋，大夫五鼎四簋，元士三鼎二簋。簋侈口、圆腹、圈足，无耳或双耳、四耳，商时无盖，西周、春秋时常带盖，且有方座或三足。战国之后渐为敦所替代。在清乾隆年间编撰的《西清古鉴疏》中，将周代圆形簋称之为"敦"，将矩形者称之为"簋"。

图30 邢侯簋

西周初（前11世纪）

大英博物馆藏

邢侯簋是一件著名的青铜器，旧称"周公簋"，高约20厘米，四兽垂耳，侈口鼓腹，饰象纹。1921年河南洛阳出土。曾见于《三代》《通考》等著录。

西周初，周成王将周公第四子姬苴（jū）封为邢侯，并赐予州人、重人、庸人三支土著隶民。邢侯受初封后，为祭祀父亲周公而制该器，并在器内作阴刻铭文，记述受封经过。

周公，周文王的儿子，周武王的弟弟，姓姬名旦，周朝著名的贤臣和政治家，在武王伐纣的战争中立下大功并辅佐武王建立周朝。武王儿子周成王即位后，周公又竭力辅佐年幼的成王稳固其统治地位。周公死后，周成王为报答周公辅佐之恩，便将邢地（在今河北省邢台市）封予姬苴，建立邢国，爵位为侯，故称"邢侯"。

附图 金文 邢侯簋铭文（拓片）

吉美博物馆藏

邢侯簋器内有铭文68字，曰："佳三月，王令荣□内史曰□井侯服，易臣三品，州人、重人、庸人。拜稽首，鲁天子厥□濒福，克奔走上下，帝无冬令于右周，追考。对不敢，□邵朕福盟，朕臣天子，用册王命，乍（作）周公彝。"

图31 罍
西周早期（前11—前10世纪）
赛努奇博物馆藏

图32 三足匜
西周中晚期（前9世纪）
吉美博物馆藏
匜（yí），注水器，与盘配套洗手用，一人
捧匜浇水，一人捧盘接水。自西周出现后，
逐渐取代盉了。

图33 梁其钟

西周晚期（前9-前8世纪）

陕西

吉美博物馆藏

钟，盛行于西周和东周的打击乐器，礼器。合瓦形结构,上部为"钲"，
钲部的纹饰称为"钟带"或"篆间"；下部为"鼓"，铸套精美的图饰；
钟口两角为"铣"，钟唇为"于"，钟顶为"舞"，舞上有柄者为"甬
钟"，有钮者为"钮钟"。钟两面有36个乳钉状突起。

1940年，陕西省扶风县法门镇任家村出土一批西周晚期窖藏青铜器，其中
有5件甬钟，因器主名"梁其"，故称其为"梁其钟"。其中另3件藏于上
海博物馆，1件藏于南京市博物馆（据传尚有一件，但下落不明）。该器
有60字铭，内容为颂扬祖先功德及表示服事天子之忠心。

图34 蟠夔纹 兽耳穿环方壶
西周末-春秋初（前9-前8世纪）
吉美博物馆藏

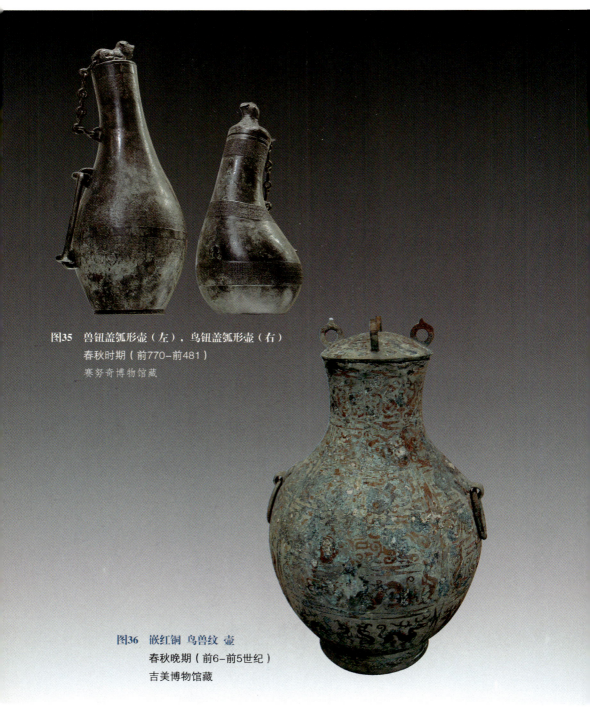

图35 兽钮盖瓠形壶（左），鸟钮盖瓠形壶（右）
春秋时期（前770-前481）
赛努奇博物馆藏

图36 嵌红铜 鸟兽纹 壶
春秋晚期（前6-前5世纪）
吉美博物馆藏

图37 双燕盖 双虎耳壶
春秋晚期（前6–前5世纪）
山西侯马铸铜坊制作
赛努奇博物馆藏
山西省侯马市西北郊曾是中国春秋时期晋国都城新田的旧址。侯马晋城由白店、牛村、台神、平望、呈王、马庄6座小城组成，当时在牛村古城南郊曾设置铸铜、制陶、石器、骨器等手工作坊，其中铸铜坊遗址面积约20万平方米，这里铸造的青铜器几乎遍布了当时北半个中国。

图38　双羊盖盨
春秋晚期 晋国（前5世纪）
山西侯马铸铜坊制作
吉美博物馆藏
1923年山西李峪出土。
盨（xǔ），礼器，食器。椭圆形，两耳，
四足或圈足。有盖，盖形与器身形态相
似，但略小，取下翻置又成一器。

图39　络纹提梁 壶
春秋晚期 晋国（前5世纪）
吉美博物馆藏
1923年，山西省浑源县李峪村村民
在庙坡附近挖出了一批春秋时期的
青铜器，大部分为侯马铸铜坊铸
造。其中被法国古董商王涅克买走
20余件，36件被当时浑源知事谢承
恩查没，有近70%的青铜器被村民
砸成了碎片当废铜出卖。现已知器
名的李峪青铜器40余件，分别收藏
于国内及世界各地，其中中国国家
博物馆1件、上海博物馆11件、台北
"故宫博物院"3件、美国5件、德
国1件、法国吉美博物馆15件（本书
收入3件，图38、图39、图41）。

图40 簋
春秋早期（前7世纪）
大英博物馆藏

图41 盖鼎
春秋晚期（前6-前5世纪）
山西侯马铸铜坊制作
吉美博物馆藏
1923年山西省浑源县李峪村出土。

图42　镈钟

春秋中晚期（前7–前6世纪）

山西

吉美博物馆藏

镈（bó）钟，又称"特钟"，钟的一种，始于西周。单独悬挂于一簨（sǔn，钟架横梁），用木槌击奏。商代青铜乐器种类较少，只有铙，钲，铃三种

图43　编钟（一组八件选二）

春秋末–战国初（前6世纪–前5世纪）

吉美博物馆藏

编钟又称"歌钟"，音色清脆、悠扬，穿透力强，始于东周。将数乐钟按体积大小（音调高低）依次编组，共悬于一簨。在征战、宴飨、朝聘和祭祀时，可独奏，也可与其他乐器合奏或为歌舞伴奏。天子、诸侯、公卿及士大夫使用的编钟数量和形制均不同。湖北随县战国早期曾侯乙墓出土的编钟共六十四只，悬于曲尺形七簨（梁）十四鐮（柱）之上。

图44 扁壶
战国（前408-前221）
赛努奇博物馆藏
扁壶在战国时期自名"钾"。

图45 嵌红铜 狩猎纹 敦
战国早期（前4世纪）
河南
吉美博物馆藏
敦（duì），盛放黍、稷、稻、粱的食
器，流行于春秋中期至战国晚期。由
鼎、簋的器型结合演变而成，整器为球
体或卵圆体，俗称"西瓜鼎"。在清乾
隆年间编撰的《西清古鉴疏》中，将周
代圆形簋也称之为"敦"。

图|46 错金银 图案纹 盖簋

战国末-西汉初（前3世纪）

洛阳金村出土

吉美博物馆藏

有"华夏第一王都"之称的洛阳，自公元前11世纪周公在此营建西周国都
起，至公元534年北魏亡，历时1400年，历经九朝，是中国历史上历时最
长、朝代最多的都城。这一带自然也是历代帝王墓葬最繁密的地区之一。
1928年至1932年，加拿大传教士怀履光和美国人华尔纳，在洛阳金村挖掘
出8座东周王陵和贵族墓葬，出土数千件极为珍贵的文物，大部分被卖往
海外。这件错金银簋就出自金村。

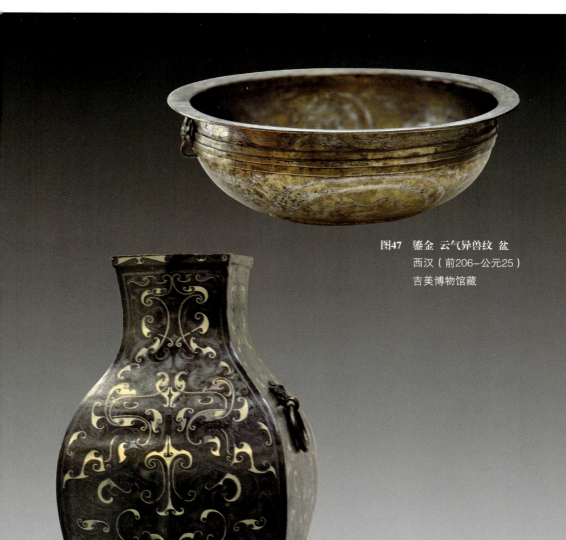

图47 鎏金 云气异兽纹 盆
西汉（前206-公元25）
吉美博物馆藏

图48 错金银 钫
西汉（前206-公元25）
V&A博物馆藏
汉代方壶自名"钫"，是当时较流
行的器物之一。

图49 鸭头灯

西汉（前206–公元25）

V&A博物馆藏

这只灯制作精巧，且具有环保功能：鸭头和鸭脖形成一个管道，可将烟灰引至装有水的腹部，使烟灰沉淀，避免对室内环境的污染。灯头处有柄，可转动灯火方向。

图50 牛形尊

西汉（前206–公元25）

V&A博物馆藏

这是一只牛形温酒器。牛头有孔可往牛腹中注入热水，牛背大孔可放置酒杯。

图51　凤凰形炉

汉（前206-公元220）

大英博物馆藏

炉又叫"香炉"或"香熏"，是汉、晋时期常见的熏香器具，用来熏衣、被，以除臭、避秽。汉代开通丝绸之路，印度等西方国家香料源源不断运入国内，熏香之风自此盛行，寺院中也开始以烧香来敬佛。

图52　博山炉

东汉（公元25-公元220）

V&A博物馆藏

博山炉体呈青铜器中的豆形，上盖为圆锥体，塑成重峦叠嶂的山峰，并间以飞禽走兽，熏香时，烟从山形盖的镂空孔中散出，似仙气缭绕群山，宛如汉代民间传说的海上博山仙境一般，故名"博山炉"。汉代及其后历朝常见仿青铜博山炉的釉陶器或瓷器"博山炉形尊"。

图53 仿古双耳壶

南宋 乾道四年（公元1168）

V&A博物馆藏

该器为寺庙供瓶。因当时铜、锡紧缺，寺庙金属供器需登记，否则，有被
政府没收去熔铸铜钱的可能，故该器底有镇江府都税务司登记铭。

图54　仿古鹅形尊
宋-元（1200-1300）
V&A博物馆藏

图55　仿古贯耳壶
明（15-16世纪）
大英博物馆藏

图56　错金饕餮纹　仿古簋
明　万历（1573-1620）
吉美博物馆藏
底错金仿金文铭"伯子作宝彝"。

图57　青铜　嵌银龙纹　壁瓶
清（18-19世纪）
大英博物馆藏
壁瓶为半器造型，另一面扁平无饰，有孔，便于悬挂
于壁上，又称"壁挂"、"挂瓶"。始见于明宣德朝
瓷器，万历以后渐多。清乾隆皇帝特别喜爱壁瓶，命
人专门制作了一批，并将其悬挂于轿撵之内，供其出
行时赏玩，故清代壁瓶也称为"轿瓶"。

漆器是我国历史最悠久的工艺美术品种之一。在浙江余姚河姆渡文化遗址中发现了七千年前的漆器（附图2），这个时期的漆器，已经使用经过调制的朱漆，而从使用纯天然生漆到使用人工调制漆，这中间应该还有一个漫长的摸索过程，因此，人类开始使用天然生漆的时间还应更为久远。

　　漆器是将从漆树上割取的天然生漆涂在各种器物表面所制成的生活用品和工艺品。漆器的制作过程比较复杂，一般要经过数十道工序，但制成后的漆面颜色鲜亮、光可鉴人，且耐潮湿、耐高温、耐腐蚀。世界漆文化会议议长、日本东京艺术大学教授大西长利先生在21世纪漆文化之展望国际学术讨论会上曾说："漆器有她自身独具的深沉、稳重、宽和、优美的情韵。她的令人陶醉、着迷的魅力经历了几千年而不衰。如今已引起全球的瞩目与重视，被誉为'东方的神秘'。"所以说，漆器的发明，也是中国对世界文明进步的一个重大贡献。

附图2　朱漆　碗

河姆渡文化（前4800–前3300）

中国浙江省博物馆藏

这是我国至今发现最早的漆器之一。该器为木胎，挖制，器壁较厚，内外涂红色天然漆。

目前已发现新石器时期的漆器，最早的大多出自我国长江以南，如：浙江余姚河姆渡文化遗址出土的朱漆瓜棱碗和缠藤篦筒形器，江苏常州圩墩马家浜文化遗址出土的黑、红两色漆筒形器和喇叭形器，浙江余杭瑶山道良渚文化遗址出土的碗及嵌玉高足杯等，江苏吴江梅堰、团结村良渚文化遗址出土的彩绘陶杯，棕地红、黄彩绘黑陶壶等；其次有山西襄汾的陶寺文化遗址出土的鼓、豆、案、俎等。这一时期的漆器主要是餐具和炊具，也有乐器。胎质基本是木胎和陶胎，木胎是用石器挖制和斫制而成，一些器型是仿陶器的。髹漆技术比较原始，但漆料已使用了调制漆，即在天然生漆中调入了红、黑、黄等颜料，且在新石器时代后期出现了仿彩陶绘画的彩绘漆饰。这一点微不足道的进步，当时却用了三千年的时间。

图58　彩绘 虎座鸟架悬鼓
楚国（前5–前3世纪）
赛努奇博物馆藏
虎座、鸟（凤凰）架、鼓帮均为木胎雕制，通体髹黑漆，以红、黄漆绘虎斑、鸟羽及鼓帮上几何纹样（鼓皮面已朽）。
中国湖北省沙市博物馆有同类藏品一件。

在奴隶社会的夏、商、西周、春秋时期，从出土漆器分布的地域来看，有河南省、辽宁省、河北省、湖北省、山东省、陕西省、安徽省、北京市等；早在新石器时期就有漆器出现的浙江省、江苏省，这一时期虽漆器出土极少，但漆器制作的延续乃至发展，应该没有中断。可以看出，奴隶社会漆器在中国已被普遍使用。

夏代漆器的胎骨主要是木制，商和西周除了木胎外，还出现了少量的陶胎和铜胎，春秋时期又发现极少量的竹胎和石胎。这一时期漆器的器型有炊具、餐具、梳妆具、车马器、兵器、仿铜或陶的礼器、人俑、动物俑等。纹饰已相当复杂、精美，有饕餮纹、蟠虺纹、窃曲纹、龙纹、禽鸟纹、走兽纹、雷纹、云雷纹、勾连云雷纹及多种几何纹。所用漆料多为红、黑、黄三种，并以黑地红彩居多。髹饰技法有漆绘、浅雕和绿松石、龟甲、蚌片、彩石片等镶嵌，贴金箔技术也开始使用。

战国时期，中国封建社会开始确立，漆器也进入发展期。战国时期漆器的考古发现在全国比较广泛，而且出土器物已不像前期那样支离破碎，而是比较完整、精致。胎骨种类多样，除了大量的木胎外，还有陶胎、铜胎、皮胎、夹纻胎（脱胎）、竹胎、骨胎、角胎等。漆器的应用及器型与春秋时期差不多，纹饰大的类型基本相同，只是小的类别增加了很多，狞厉的饕餮纹不见了，植物纹、叙事画纹增多了，纹饰比春秋以前更加繁复、精丽。漆色仍以黑地红花为主，也有一些黄、蓝、翠绿、褐及金、银、银灰等色。绘工更加精细，许多纹饰勾以匀细而流畅的线条。

秦汉时期，尤其是汉代，是中国漆器经历了几千年的发展，开始走向辉煌的时期。这一时期不仅出土了数以万计的漆器，而且，许多文献上也有不少关于漆器的记载。《史记》有"木器髹者千枚"、"漆千斗"句，《后汉书》有"雕镂扣器，百技千工"句，说明当时漆器市场的繁荣及漆器制造业的规模浩大；《盐铁论》有"良民文杯画案"、"涂屏错跗"、"彩画丹漆"句，说明当时漆器在百姓中的普及程度，稍微富裕的家庭，生活用具都用上了漆器。

在汉代，几乎所有器物的材质，都可以作为漆器的胎骨。这时期，已经有了锋利的铁器，同时，制作漆胎工具的性能也更加多样化，过去简单而

笨重的斫、挖制作得到改善，高效的旋、凿、雕、刨等新工艺，不仅提高了产量，也使器表更加平整、光洁，器壁也由厚重变得轻薄，尤其卷木胎的发明，使器壁轻薄如纸。为了增加器物的牢固性，避免木胎开裂，有的在器口扣金、银、铜箍；有的在木胎上裱麻布、缯帛，再刮灰、髹漆，这一工艺，也促使汉代发明的夹纻脱胎更加成熟。

汉代漆器器型丰富多彩，包罗万象。以前有的炊具、餐具，此时品种更加多样。生活用品中大的如：床、榻、屏风，箱柜、案几、桶、盆，小的如：盒、奁、罐、洗、匜、虎子、枕、扇、杖等，应有尽有。乐器有琴、瑟、筑、笙、竽、排箫、编磬等。还有各种文房用具、兵器、车马器、棺木、随葬俑等。在汉代，好像生活中所有的器物都被"漆化"了。

汉代最典型的漆器纹饰是云气纹和云虡纹，此外，还有龙纹、凤纹、瑞兽纹、鱼纹、禽鸟纹、植物纹、几何纹、狩猎纹、舞蹈纹、人物故事纹等。此时的书法，也被作为一种装饰元素而放进了漆器纹饰之中。黑、红仍为漆器主要底色，彩绘漆色在汉代已多达几十种。汉代漆器的装饰形式以油漆绘画为主，另有印花、锥画、戗金、堆漆、雕镂、贴花（贴金箔、银箔、羽毛、锦绣等）、金漆错、镶嵌等数十种技法。可以说，后世的漆器髹饰技艺多数在汉代已基本形成。这个时期的漆器作坊在全国星罗棋布，有皇家直接管辖的，也有诸侯王国、侯国管辖的，它们的规模相当大，但数量多的还是私人作坊。在作坊里，工匠专业分工很细，从贵州清镇汉墓出土的一只漆耳杯上的铭文可略知一二："……素工昌、髹工立、上工阶、铜耳黄、涂工常、画工方、月工平、清工匾、造工忠造……"一只小小的耳杯，竟由至少九位工匠先后分别完成。

汉代漆器不仅在中国进入了巅峰时代，而且漆器制作工艺也开始传授到日本、朝鲜及亚洲其他国家。

三国、两晋、南北朝时期的漆器出土很少，现存漆器从器型到工艺基本沿袭汉代，也有一些创新器型，如：南昌东吴高荣墓出土的漆槅，南昌火车站东晋五号墓出土的长方形漆托盘、扇形漆攒盒等。

这一时期是中国卷轴画（独幅画）的发祥时期。马鞍山东吴墓出土的彩绘贵族生活图纹漆盘，南昌火车站东晋墓出土的彩绘出巡图漆奁、彩绘宴乐图盘等，器物上描绘的贵族生活场面及人物造型的生动性，与东晋绘画巨匠顾恺之的卷轴画《列女仁智图》《女史箴图》极为相似。可见，中国卷轴画刚一出现，漆器纹饰绘画便与之同步。

两晋、南北朝时期佛教盛行，这一时期制作的大型夹纻脱胎空心佛像，是漆器史上漆器制造结构方面的重大突破。虽无实物存世，但七世释法琳的《辨证论》、梁简文帝时的《为人造丈八夹纻金薄像疏》及魏孝庄帝时的《佛祖统计》等历史文献中，多有制作大型夹纻脱胎佛像的记载。

隋、唐、五代时期，尽管当时日臻成熟的青瓷、白瓷、黑褐釉瓷对漆器生产有着不小的冲击，但凭借造型轻巧、色彩斑斓的优势，漆器在手工制造业中仍占有重要的位置，并在工艺方面进行一些改造，使制作更加精致化。如：在制作漆器圆器时，创造以细长木片圈叠作胎骨，克服了以往车旋法、屈木片粘合法作骨易开裂的缺点。素面漆器，素面朱书、墨书文字漆器，金银平脱漆器及嵌螺钿漆器均为这一时期的新工艺。

宋、元漆器新技法、新风格不断呈现，形成了一个百花齐放、推陈出新的繁荣局面。宋代的描金堆漆、戗金、剔犀雕漆等髹饰工艺，使漆器更加高贵典雅、神奇迷人。

明代是手工艺大发展的朝代，明代天启年间杨明在为黄成编撰的《髹饰录》（我国古代唯一存世的有关漆器制作技术的专著）所做序文中写道："今之工法，以唐为古格，以宋元为通法。又出国朝厂工之始，制者殊多，是为新式。于此千文万华，纷然不可胜识矣。"由此可见，明代漆器产量、品种及制作精美程度都超过了历代。

清代的康熙、雍正、乾隆三朝，将唐、宋、元、明各时期业已发展成熟的多种髹饰工艺加以糅合，使漆器制作愈发精致，漆器制品更加千姿百态。尤其大面积描金技法的使用，使这一时期的漆器更显高贵富丽，充满皇家气派。

图59　云纹　耳杯

战国（前403–前221）

赛努奇博物馆藏

漆耳杯是战国时期出现的一种饮酒器，取代了青铜器中的爵。该杯为木胎，挖制，口呈椭圆形，双耳微上翘，平底。杯内壁及外壁上沿髹红漆，饰黑漆纹，外壁底髹黑漆。

图60　彩绘鹿纹　耳杯

汉（前206–公元220）

大英博物馆藏

图61　彩绘　耳杯

西汉（公元4）

大英博物馆藏

图62　内红外黑　莲瓣式圈足盏
北宋（1066）
江苏
吉美博物馆藏
仿金器莲瓣碗器型制作（图149）。底
有"丙午"年铭。

图63　朱漆　菊瓣盘
南宋–元（13世纪）
大英博物馆藏

图64　葵口小盘（两件）
南宋（1127–1279）
吉美博物馆藏
这种仿唐代金银器型在宋代比较
流行，宋代瓷器中也有这类器型。

图65 剔红 牡丹葡萄双鹤纹 盘

元（14世纪）

大英博物馆藏

剔红又称"雕漆"，即用笼罩漆调和银朱，在漆器胎骨上层层髹刷，到一个相当厚度后，用刀雕刻出浮雕花纹。髹漆厚度多的有五六十道乃至百道以上。雕漆除了剔红以外，还有剔黄、剔绿、剔黑（图66）、剔彩、剔犀（图83）等品种。

雕漆最早起源于汉代。宋代雕漆多为内府制作，并多以金、银为胎，传世较少。元代张成、杨茂的雕漆作品是元代雕漆风格的代表，并对后世雕漆技艺影响深远。

宋、元、明三代的雕漆，以明代永乐、宣德年间的制品为代表，称为"明派"；唐代、清代的雕漆，以清乾隆年间制品为代表，称为"清派"。

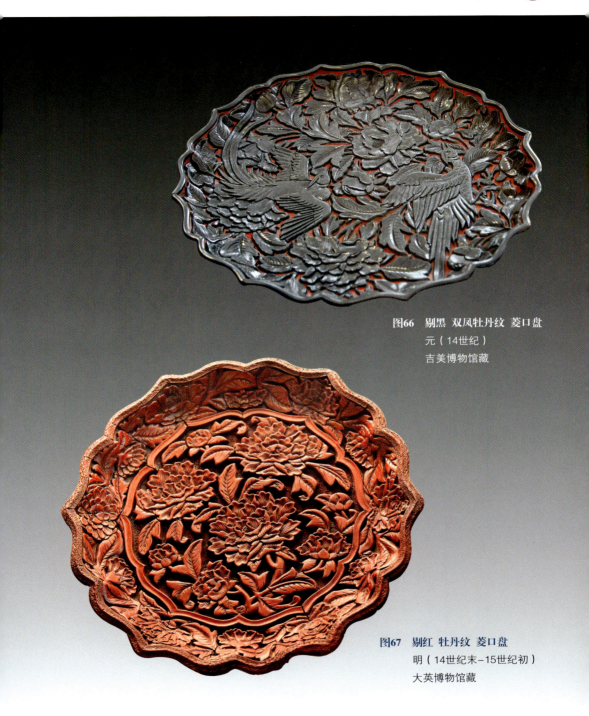

图66　剔黑　双凤牡丹纹　菱口盘
元（14世纪）
吉美博物馆藏

图67　剔红　牡丹纹　菱口盘
明（14世纪末–15世纪初）
大英博物馆藏

图68 剔红 庭园纹 圆盒
明 永乐（1403-1424）
V&A博物馆藏
"明派"雕漆典型器。

图69 剔红 牡丹纹 圆盒
明 永乐（1403-1424）
吉美博物馆藏
底有"大明永乐年制"划款，该
器为典型的"明派"雕漆。

图70 剔红 云狮纹 圆盖盒
明（15世纪）
大英博物馆藏

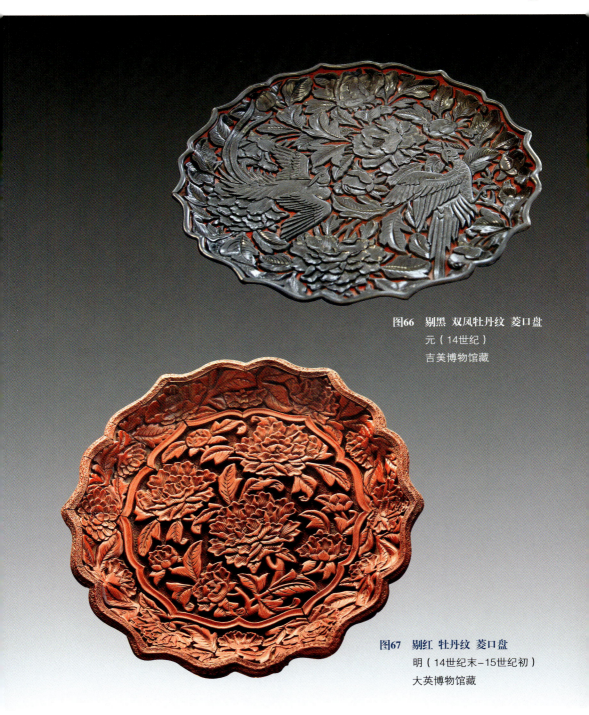

图66　剔黑 双凤牡丹纹 菱口盘
元（14世纪）
吉美博物馆藏

图67　剔红 牡丹纹 菱口盘
明（14世纪末–15世纪初）
大英博物馆藏

图68　剔红 庭园纹 圆盒

明 永乐（1403–1424）

V&A博物馆藏

"明派"雕漆典型器。

图69　剔红 牡丹纹 圆盒

明 永乐（1403–1424）

吉美博物馆藏

底有"大明永乐年制"划款，该
器为典型的"明派"雕漆。

图70　剔红 云狮纹 圆盖盒

明（15世纪）

大英博物馆藏

图71 **黄锦地剔红 水榭吟诗纹 盘**

明 弘治（1489）

大英博物馆藏

这种髹饰技法是：先将黄漆髹刷到一定厚度，再髹刷红漆。雕刻红漆时，深度以到黄漆为止，再将露出的黄漆雕出锦地图案纹饰。

该器纹饰画面有唐代王勃《滕王阁》诗意。底有"弘治二年"款。

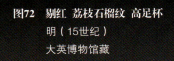

图72 剔红 荔枝石榴纹 高足杯
明（15世纪）
大英博物馆藏

图73 剔红 松鹤龙纹 碗
明 嘉靖（1522-1566）
大英博物馆藏

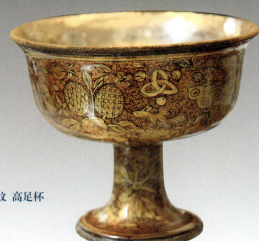

图74 金属胎镀银线 漆地描金 花与蝴蝶纹 高足杯
明（16-17世纪）
大英博物馆藏

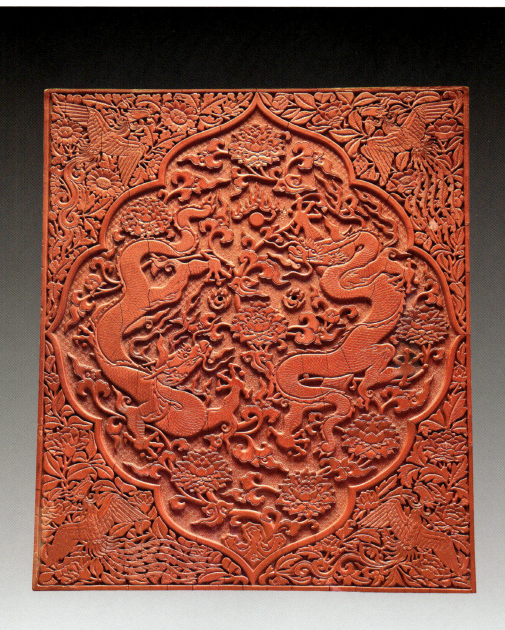

图75　剔红　双龙纹　家具面板
明（15世纪）
大英博物馆藏

图76　剔红 盖顶水榭纹 边饰牡丹菊纹 大捧盒
明（15世纪末-16世纪初）
大英博馆藏

图77　剔红 山水人物纹 大捧盒
明（15世纪）
大英博物馆藏

图78　剔彩 春字云龙纹 圆盖大盒
明 嘉靖（1522-1566）
大英博物馆藏
底有"嘉靖"年号款。

图79 剔红 牡丹纹 圆盖盒
明（16世纪）
大英博物馆藏

图80 剔红 菊纹 圆盖盒
明（16世纪）
大英博物馆藏

图81 雕填漆 描金寿字如意纹 桃形盒

明 嘉靖（1522-1566）

吉美博物馆藏

雕填漆技法：在漆面上先画好图纹，用斜口刀将图纹以外的漆面剔除，分
几次薄薄刮入彩漆，直至与原漆面平，然后研磨、推光即成。

描金是以笔蘸金漆在漆面上直接绘画。

图82　剔红　盖顶人物纹四边牡丹纹　四层方盒
明（15世纪末－16世纪初）
大英博物馆藏

图83　剔犀　云纹　金属铰链　长方盒
明－清（17世纪）
大英博物馆藏
剔犀是将两三种色漆分层髹刷到一定厚度后，用刀雕刻出浮雕花纹。从刀
口斜断面可看到不同的色漆层，意趣盎然。剔犀表层漆色有朱面、黑面和
透明紫面几种。
底有划填金篆书"太平兴国年制"寄托款。

图84　描金　开光莲纹　瓜棱碗
明末（17世纪）
大英博物馆藏

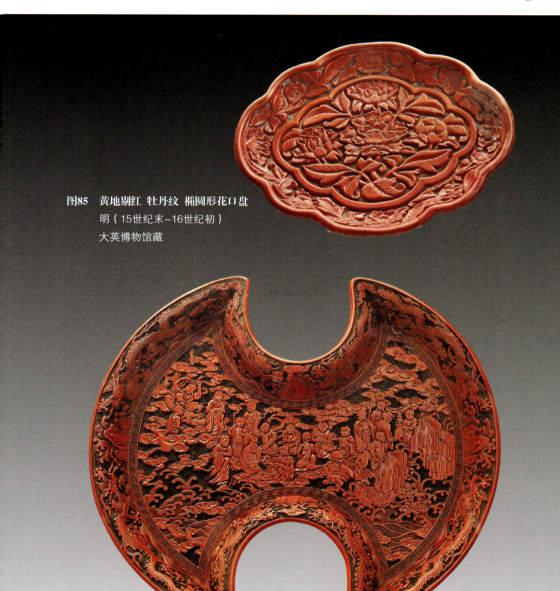

图85　黄地剔红 牡丹纹 椭圆形花口盘
明（15世纪末–16世纪初）
大英博物馆藏

图86　剔红 十八罗汉纹 元宝形托盘
明 嘉靖（1522–1566）
大英博物馆藏

图87　黑漆嵌螺钿　月下惜别纹　四角方盘

明（15–16世纪）

大英博物馆藏

嵌螺钿技法是：先将雕好的贝壳贴在设计好的漆胎表面，反复遍涂地漆，
使漆没过贝壳，漆干后加以研磨，直至贝壳表面与漆面平即成。

图88　戗金彩 穿花龙纹 六角盘

明 嘉靖（1522-1566）

大英博物馆藏

戗金技法是：用戗金刀在漆面上刻出浅细图纹（古称"锥划"、"针划"），然后在刻纹里填金彩即成。若填以银或其他彩即为"戗银"或"戗彩"。底有"嘉靖"年号款。

图89　剔红 海水龙纹 花叶边 深腹折沿盘

明 隆庆（1567-1572）

大英博物馆藏

底有"隆庆"年号款。

图90　黑漆嵌螺钿　山水亭台人物纹　八角盘
　　　　明（16世纪）
　　　　大英博物馆藏

图91 盖顶黑漆彩绘描金 庭园人物对弈图纹 竹编盒
明末（17世纪）
吉美博物馆藏

图92 盖顶黑漆镶嵌螺钿 人物山水纹 四方藤编盖盒
明末（17世纪）
大英博物馆藏
盖顶及盒边角髹饰黑漆镶嵌螺钿。

图93-1　款彩　宫中图纹　十二扇屏风

清　康熙（1662-1722）

赛努奇博物馆藏

款彩又称"雕填彩"，技法为：通体髹漆，将线条以外部分剔刻减地，
填的各种彩漆。

图93-2　十二扇屏风（局部）

图94　百宝嵌 山水纹 方角柜
清 康熙（1662–1722）
吉美博物馆藏

图95　彩绘 花鸟纹 方角书柜
清 康熙（1662–1722）
吉美博物馆藏

图96 描金 朱漆 菊棱盖碗
清 乾隆（1736－1795）
V&A博物馆收藏

图97 剔红 牡丹纹 长颈瓶
清（18世纪）
大英博物馆藏

图98 剔红 木盒
清 乾隆（1736－1795）
V&A博物馆收藏
刻有官款，为皇家佛堂拜祭祖先用的灵牌盒。

图99 朱漆 菊花形圆盖盒
清 乾隆（1777）
大英博物馆藏

图100 剔红 三龙穿海纹 圆盒
清中期（18世纪）
大英博物馆藏

一、铜镜

原始人类照看自己的面容，起初是利用湖或水塘里的水面，后来有了陶器，就在陶盆里盛水作"镜子"。最早的古汉字中，将陶盆写作"监"（jiàn，同简化字"监"），即"镜子"的意思。《说文》中解释道："监可取水于明月，因见其可以照行，故用以为镜。"商代以后有了青铜器，就以青铜盆盛水照面。青铜盆古汉字写法是在"监"的左边加一个"金"，即"鑑"，现在的简化字写作"鉴"，义为"镜子"，如"借鉴""以史为鉴"等。

在以青铜盆作"镜子"的同时，人们又将青铜铸成小圆饼，一面磨光，也可照人，并且小巧玲珑，携带方便，这就是"铜镜"。

考古发现最早的铜镜是在距今4000年左右的齐家文化遗址，到了战国时期，铜镜开始盛行；西汉中叶，铜镜的材质及制作工艺都有了较大的提高。唐代是铜镜发展的高峰期，到了明清时期，玻璃镜出现了，铜镜逐渐淡出历史舞台。不过，在中国边远地区及部分农村，直到民国时仍在使用铜镜。

铜镜一般为圆形，镜身较薄，镜面近平或微凸，磨砺光亮后可鉴形照影。而收藏者欣赏和研究的主要部分是铜镜的背面。镜背早期素面无纹，或有简单的单圈、双圈凸弦纹，春秋战国以后纹饰渐多，有鸟兽纹、花叶纹、四山纹、五山纹、六山纹、菱形纹、蟠螭纹、蟠虺纹、章草纹、星云纹、云雷连弧纹、神兽连弧纹、多乳禽兽纹、变形四叶纹、画像纹、龙虎纹、日光

图101 蟠螭纹 圆镜
战国（前5−前3世纪）
吉美博物馆藏

连弧纹、七乳四神纹、四叶驾凤纹、四叶佛像纹、鸟凤纹、四叶兽首纹、重圈铭文纹、纪年铭文纹、鸟兽葡萄纹、月宫纹、仙人纹、山水纹、双鱼纹、人物故事纹、童子攀枝纹、八卦纹等，有的主纹下还衬以云雷纹等地纹。铜镜的背面中央有拱起的钮，有弓形钮、桥形钮、弦纹钮、鸟兽钮等单钮和多钮。铜镜的形制除了圆形以外，也有一些正方形、长方形、葵瓣形、菱花形、六边形、鸡心形、盾形、钟形、鼎形及带柄镜等多种样式。

　　唐代有一种特殊的制镜工艺，叫"金银平脱镜"，其制作工艺是：先将金或银箔贴于铜镜的纹饰上，用色漆涂刷多遍，然后再反复打磨，使金、银纹饰与漆面相平，产生金光、银光浮现的效果，民间称其为"福（浮）在眼前"。唐玄宗时期金银平脱镜最为盛行。由于过于耗费金银，唐肃宗时宣布禁止制作这种铜镜，该工艺之后渐渐失传，存世的金银平脱镜也十分罕见。

　　欧洲博物馆的收藏门槛很高。铜镜到了元代以后逐渐衰落，所以，这些博物馆的铜镜收藏到元代便戛然而止。

图102　花卉纹　圆镜
战国（前4世纪）
大英博物馆藏

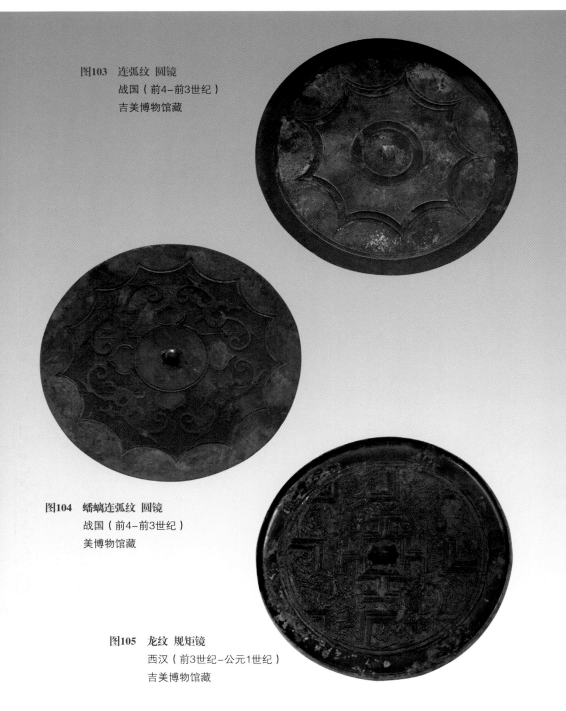

图103　连弧纹　圆镜
战国（前4–前3世纪）
吉美博物馆藏

图104　蟠螭连弧纹　圆镜
战国（前4–前3世纪）
美博物馆藏

图105　龙纹　规矩镜
西汉（前3世纪–公元1世纪）
吉美博物馆藏

图106 卷草纹 铭文 规矩镜
汉（前206-公元220）
大英博物馆藏

图107　草叶连弧纹　规矩镜
西汉（前2世纪–公元1世纪）
吉美博物馆藏

图108　连弧凤纹　圆镜
西汉（前2世纪–公元1世纪）
大英博物馆藏

图109　铭文镜
西汉（前2世纪–公元1世纪）
大英博物馆藏

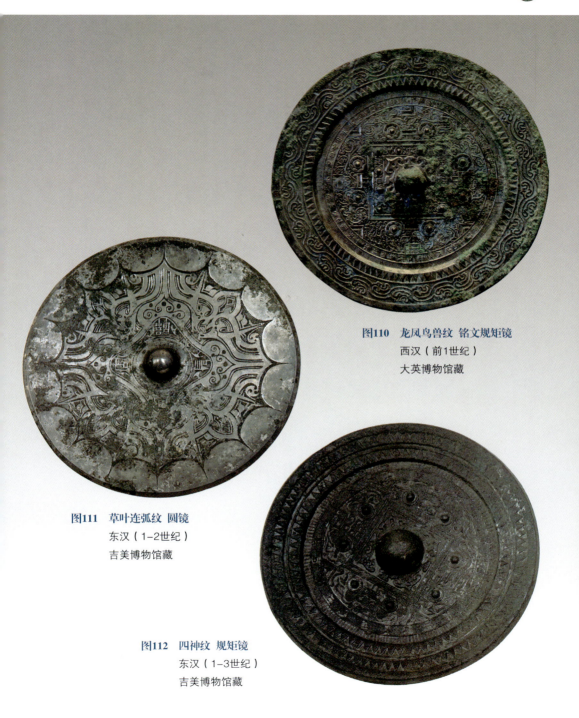

图110　龙凤鸟兽纹　铭文规矩镜
西汉（前1世纪）
大英博物馆藏

图111　草叶连弧纹　圆镜
东汉（1–2世纪）
吉美博物馆藏

图112　四神纹　规矩镜
东汉（1–3世纪）
吉美博物馆藏

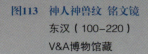

图113　神人神兽纹　铭文镜
东汉（100-220）
V&A博物馆藏

图114　四乳　人物纹　圆镜
东汉（2-3世纪）
浙江绍兴
大英博物馆藏

图115　神人纹　圆镜
东汉（2-3世纪）
中国南方
大英博物馆藏

76

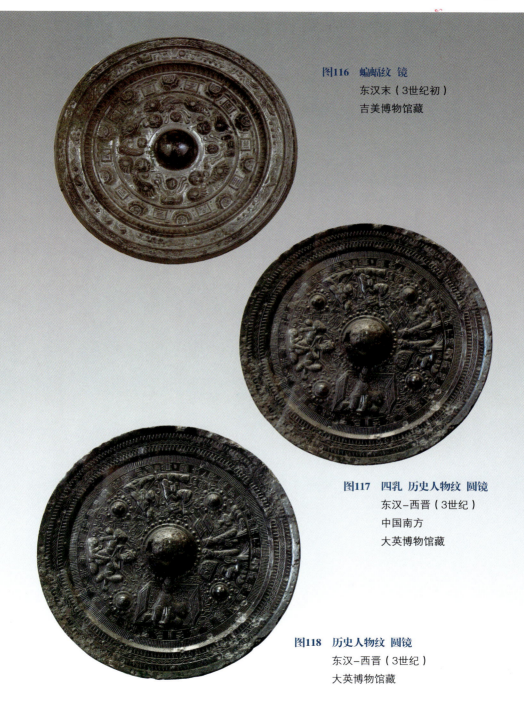

图116　蝙蝠纹 镜
东汉末（3世纪初）
吉美博物馆藏

图117　四乳 历史人物纹 圆镜
东汉－西晋（3世纪）
中国南方
大英博物馆藏

图118　历史人物纹 圆镜
东汉－西晋（3世纪）
大英博物馆藏

图119　贴金　神兽纹　方镜
初唐（650－800）
V&A博物馆藏

图120　八菱瓣　花鸟纹　圆镜
唐（618－907）
赛努奇博物馆藏

图121　葡萄兽鸟纹　圆镜
　　　　唐（618-907）
　　　　赛努奇博物馆藏

图122　鸟兽纹　兽钮镜
　　　　唐（618-907）
　　　　赛努奇博物馆藏

图123　奔马纹　铭文　镜
　　　　唐（7世纪）
　　　　赛努奇博物馆藏

图124 山水谷鸟纹 花边四方镜
唐（8世纪）
赛努奇博物馆藏

图125 鸳鸯纹 八菱瓣镜
唐（8世纪）
吉美博物馆藏

图126　唐明皇游月殿图纹　八菱瓣镜
宋（1000–1250）
V&A博物馆藏

图127　双摩羯纹　圆镜
辽（907–1125）
吉美博物馆藏

图128　错金银　双凤纹　方镜
辽（10–12世纪）
吉美博物馆藏

图129　双应龙纹　圆镜
金–元初（13世纪）
吉美博物馆藏

二、金银器

　　金银器是用金或银为材质制作的工艺品。这也是工艺美术大家庭中身份十分独特的一员。且不说用金或银制成的货币，即使是未经任何加工的金、银原材料，其昂贵的价格和在人们心目中永不衰减的信任度，足可以在流通领域里顶替货币使用。这两种材质，再加上巧夺天工的精心打造，其价值可想而知。

　　最早制作金银器的是古埃及。在前公元3500年至公元前3100年的涅伽达文化二期，古埃及人就初步掌握了金银加工和制作的技术。接着，美索不达米亚地区的苏美尔、阿卡德及古希腊、古罗马、波斯等国家也先后开始制作金银器。中国制作金银器大约在夏代末至商代，甘肃玉门火烧沟夏墓（约公元前2000年前后）出土的金耳环，尽管制作粗糙，但它是迄今为止我国发现最早的黄金制品。银器的出现要略晚一些。

　　远古时期的手工艺品如陶器、漆器等，最初出现的是日用器皿，它们的作用是实用性。而金银器最初出现时是装饰品，商周时期墓葬出土的金器多为金首饰、金叶，或准备装饰在陶器、漆器等器物上的金箔。直到一千多年后的春秋战国时期，实用金银器皿才开始出现。

　　秦汉时期，金银器出现了繁荣发展的局面，并通过丝绸之路引进了西域的一些金银制作技术和装饰造型。唐、宋、元、明、清各代金银器制作方兴未艾，在制作风格上或雍容华贵，或清秀典雅，或精细繁缛，或简练大方，总之，是千姿百态，异彩纷呈，并且，制作水平也是当时世界佼佼者之一。

　　金、银都具有良好的延展性，可以将其进行铸造、锤鍱、錾刻、累丝、镶嵌等各种工艺加工，制造各种各样的装饰品和器皿，如首饰、冠服、剑饰、车马饰、货币、玺印、宗教祭祀器、陈设品、食具、舆洗器、梳妆用具、杂器等。

　　由于金、银的稀有性，价格昂贵，因此，金银器一般体积都不大。为了让一些大型器物也显得金碧辉煌且用不了多少金或银，人们采用了鎏金、银，包金、银或刷金、银漆的方法，将金或银薄薄地覆盖在这些器物的表面，如：宫廷建筑构件、宫廷大型摆设、宗教建筑、佛像等。金、银还有一个特性就是硬度较小，纯金银器很容易变形。人们也采用以上同样的办法，将金银装饰在硬度较大的其他金属器物表面，增加了金银器的强度。人们还经常使用镶嵌、掐丝和错金银等技术，将金或银装饰在其他器物之上。

图130 鎏金 青铜 龙首柱头
西汉（前206–公元25）
大英博物馆藏

图131　鎏金银 铜 云气纹 壶

西汉（前2世纪）

吉美博物馆藏

底錾"关邑家银黄涂壶，含二斗及盖，并重十一斤四两"铭。

图132　嵌金银 青铜 猛虎扑食摆件

西汉（前2–公元1世纪）

大英博物馆藏

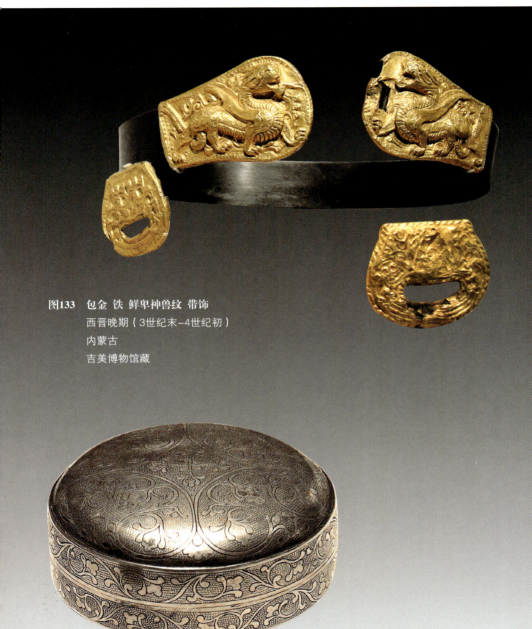

图133　包金 铁 鲜卑神兽纹 带饰
西晋晚期（3世纪末–4世纪初）
内蒙古
吉美博物馆藏

图134　银 缠枝花卉纹 圆盒
唐（7–8世纪）
吉美博物馆藏

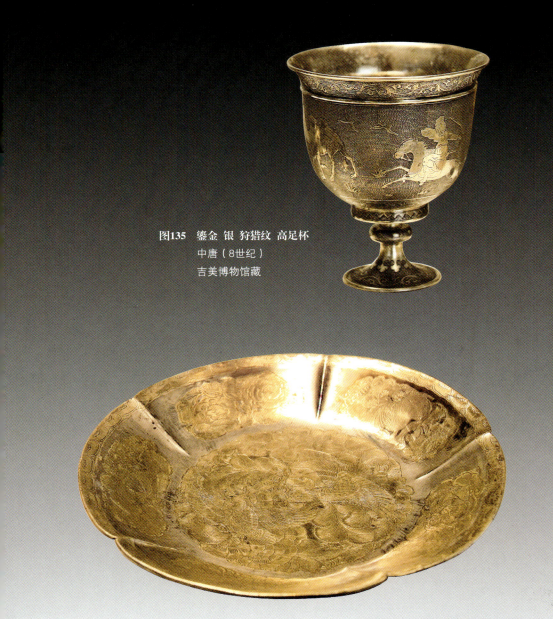

图135　鎏金 银 狩猎纹 高足杯
中唐（8世纪）
吉美博物馆藏

图136　鎏金 银 双凤穿花纹 葵瓣盘
中唐（8世纪）
吉美博物馆藏

图137 鎏金 银 花鸟纹 梅花式盒
晚唐−五代（10世纪）
吉美博物馆藏

图138 银 弦纹碗
晚唐（800−900）
V&A博物馆藏

图139 银 葵口碗
晚唐（800−900）
V&A博物馆藏

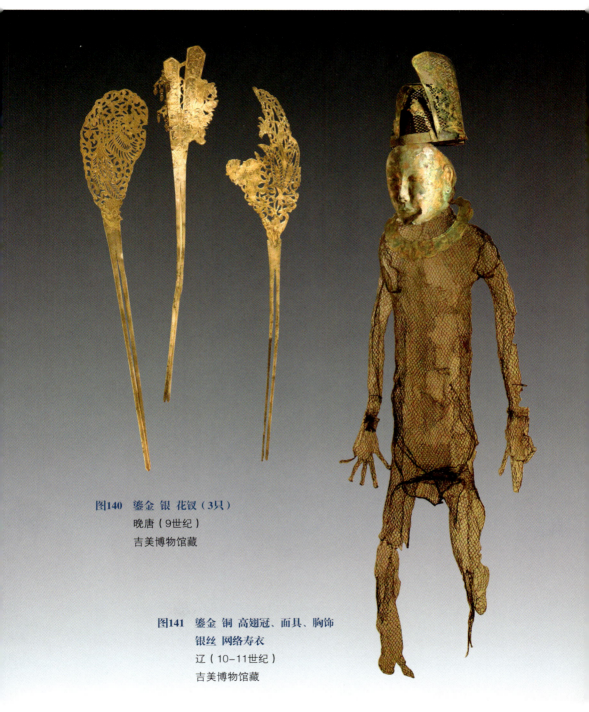

图140 鎏金 银 花钗（3只）
晚唐（9世纪）
吉美博物馆藏

图141 鎏金 铜 高翅冠、面具、胸饰
银丝 网络寿衣
辽（10—11世纪）
吉美博物馆藏

图142 鎏金 青铜 男面具

辽（907–1125）

内蒙古出土

赛努奇博物馆藏

图142、图143、图144的面具，均为辽代王公贵族的葬器，覆盖在死者面部，相当于汉代贵族的玉覆面。

附图 法国巴黎赛努奇博物馆说明书封面

该说明书使用本图作为封面。

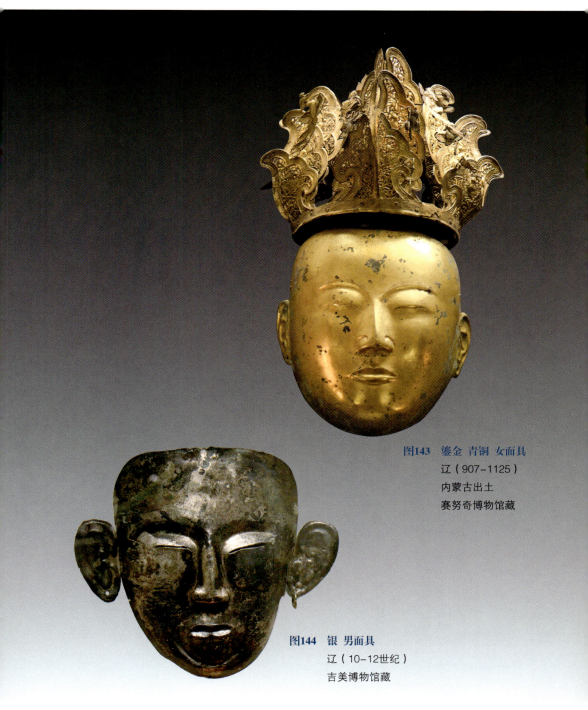

图143　鎏金 青铜 女面具
辽（907-1125）
内蒙古出土
赛努奇博物馆藏

图144　银 男面具
辽（10-12世纪）
吉美博物馆藏

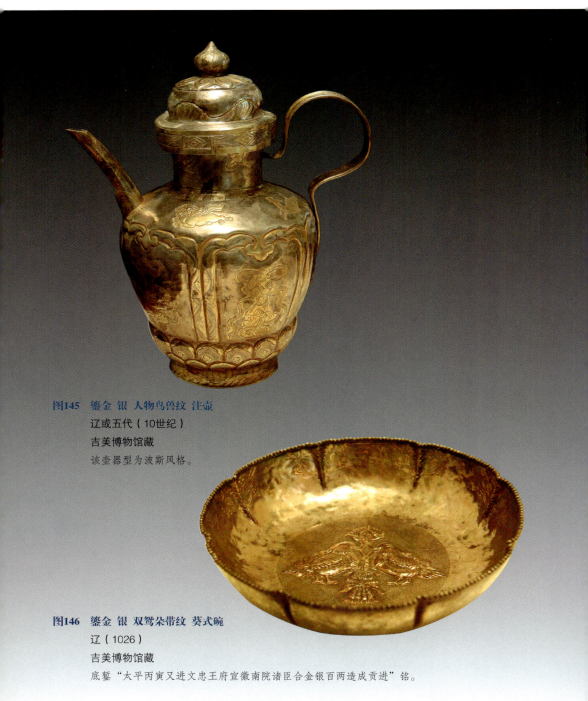

图145 鎏金 银 人物鸟兽纹 注壶
辽或五代（10世纪）
吉美博物馆藏
该壶器型为波斯风格。

图146 鎏金 银 双鸳朵带纹 葵式碗
辽（1026）
吉美博物馆藏
底錾"太平丙寅又进文忠王府宣徽南院诸臣合金银百两造成贡进"铭。

图147　鎏金 银 佛极乐世界纹 方形宝盒

辽（1024）

吉美博物馆藏

盖顶錾"太平清吉"铭，函内底錾"文忠王府大殿祈福祈寿用皿，宣徽
南院行官都部署诸臣合贡吉金造成，太平四年三月廿又九日进"铭。

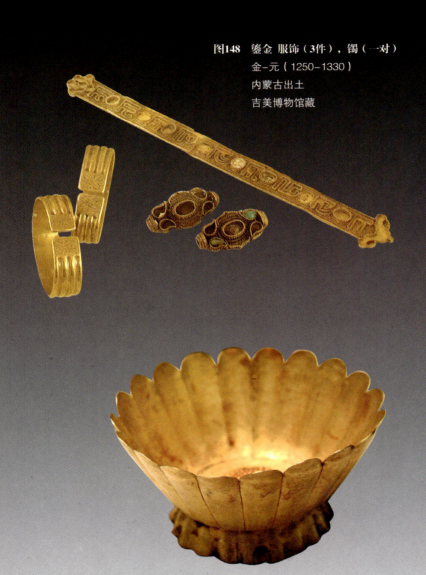

图148　鎏金 服饰（3件），镯（一对）
金-元（1250-1330）
内蒙古出土
吉美博物馆藏

图149　金 菊花形圈足盏
北宋（11世纪）
吉美博物馆藏
这种仿唐代莲瓣式碗、盘在宋代比较流行，宋代还有同类器型的漆器
（图62）或瓷器（见本系列《白瓷》《青瓷》）。

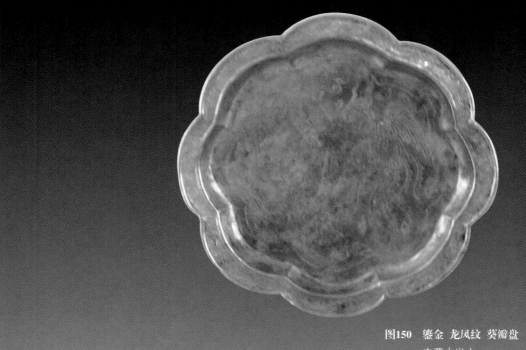

图150 鎏金 龙凤纹 葵瓣盘
内蒙古出土
金–元（13世纪）
吉美博物馆藏

图151 鎏金 瓜棱杯
内蒙古出土
金–元（13世纪）
吉美博物馆藏

图152 鎏金 青铜 菩萨像
明 永乐（1403–1424）
河北
赛努奇博物馆藏

96

图153　银 錾花卉纹龙流 执壶
明 嘉靖（1522－1566）
吉美博物馆藏

图154　鎏金 青铜 活动莲瓣 千手观音及众菩萨曼陀罗
清（17－18世纪）
大英博物馆藏

曼陀罗，藏传佛教术语，梵文mandala，意译为"坛场"、"聚集"、"轮圆具足"，是指圣贤、功德的聚集之地，是僧人和藏民日常修习秘法时的"心中宇宙图"，共有四种，即所谓的"四曼为相"，一般是以圆形或正方形为主，有中心点。

曼陀罗含义广泛，有时也指佛教建筑绘画、音乐等。供曼陀罗即供养整个宇宙，是积聚福德与智慧最快速、最简单、最圆满和最巧妙的方法。

图155　鎏金　青铜　文殊菩萨坐像
清（17—18世纪）
大英博物馆藏

文殊菩萨，意译为"妙吉祥"，代表聪明智慧，称为"大智"，释迦牟尼佛的左胁侍菩萨，与观音（大悲）、地藏（大愿）、普贤（大行）并称佛教四大菩萨，因德才超群，居菩萨之首，故称"法王子"。在民间是除观世音菩萨外最受尊崇的大菩萨。其头顶有代表大日如来五智的五髻顶结，手持劈开无知的智慧宝剑，坐骑为一威猛狮子（本塑像为坐于莲台）。

三、竹木雕

中国是一个盛产竹子的国家，我们的原始先民曾在竹子上刻画图案记事。据考古学家推测，在甲骨文字出现的同期，盛产竹子的我国南方，应该也有雕刻文字的竹片，只不过由于竹子易腐烂，目前尚无刻字的竹子出土而已。

竹雕也称竹刻，人们在竹筒、竹片、竹根上进行雕刻，雕刻的方法主要有阴线、阳刻、圆雕、透雕、深浅浮雕或高浮雕等，或刻出人物、山水、花鸟、图案、文字等纹饰，或雕刻出各种各样的造型。唐代开始流行，明清时期大盛。

中国木雕的历史也很悠久，原始社会时期就有了简单的木雕制品，新石器时期原始漆器最早就是用木器做胎，商代开始，尽管漆器的胎质品种有所增多，但大量的仍然以木雕为胎，并一直延续至今。战国时期，木雕已从刻有图样的木拍逐步发展为圆雕。汉代后出现了动物木雕，有的甚至是用整木雕制的大型制品。唐宋之后，尤其明清时期，中国木雕艺术走到了辉煌时期，与竹雕和牙角雕一起，成为中国工艺美术的一个重要的大门类。

木雕使用的材料，一般选用楠木、紫檀木、黄花梨木、樟木、柏木、银杏木、沉香木、黄杨木、龙眼木等质地细密坚韧而且不易变形的硬木。木雕技法与竹雕一样，有圆雕、浮雕、镂雕等多种，根雕也被列入木雕范围。木雕的形式除了陈设用的圆雕外，还有大量巨大的佛像、神像圆雕，建筑构件的雕刻，家具上的装饰雕刻等。建筑构件和家具上的装饰雕刻最具代表性的地区是浙江东阳。

木雕的表面，有时会被敷彩、描金、贴金、髹漆或镶嵌其他一些饰物。

图156 彩色木雕 观音菩萨立像
唐（6世纪末–7世纪初）
敦煌莫高窟
吉美博物馆藏
古代木雕人像制成后，一般都在表面饰以彩绘、色漆
或金漆，因年代久远，现存古代木雕上的彩绘局部已
经剥落。

图157 彩色木雕 夜叉像
唐（7世纪）
敦煌莫高窟
吉美博物馆藏

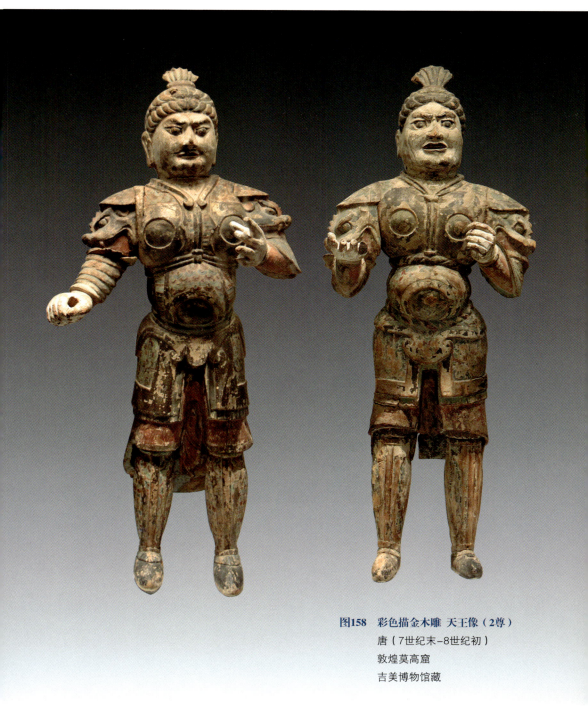

图158　彩色描金木雕 天王像（2尊）
唐（7世纪末–8世纪初）
敦煌莫高窟
吉美博物馆藏

图159　彩色描金木雕 天王像（2尊）
唐（7世纪末-8世纪初）
敦煌莫高窟
吉美博物馆藏

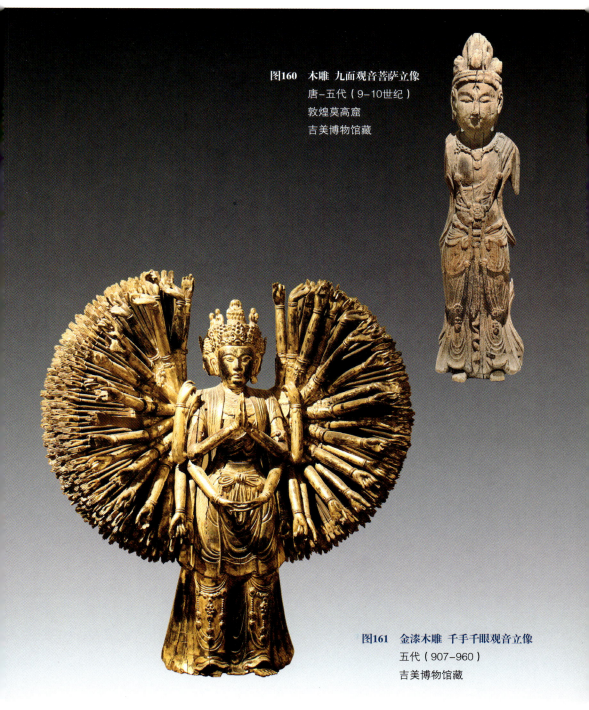

图160　木雕 九面观音菩萨立像
唐–五代（9–10世纪）
敦煌莫高窟
吉美博物馆藏

图161　金漆木雕 千手千眼观音立像
五代（907–960）
吉美博物馆藏

图162　敷彩木雕　作说法印菩萨坐像
五代–辽（10–11世纪）
吉美博物馆藏

图163　金漆木雕 关帝像
明末－清初（1640－1700）
V&A博物馆藏

图164 **竹雕 笔筒**
清初（1660–1720）
V&A博物馆藏

图165 **竹雕 臂搁**
民国十年（1921）
V&A博物馆藏
该器为俞明（1884–1935）设
计，金绍坊（1890–1979）刻。

四、石雕

　　石雕在中国有着悠久的历史，从广义上说，旧石器时代的石器，应该是人类最早的石雕作品。石雕包括线刻、浮雕、镂雕和圆雕几大类。我国内蒙古、新疆、甘肃、云南、江苏等地，均发现了新石器时代的线刻岩画，而最早的圆雕是玉器，也发端于新石器时代。中国石雕艺术（不包括玉器在内）的第一个高峰期是汉代。汉代盛行厚葬之风，因此，千年不腐的石头成为最理想的墓葬装饰材料。人们把历史故事、神话、宴乐、征战、农耕、渔猎的场景及天象、神异雕刻在墓室铺地、石壁、棺椁、石碑、石阙上，这就是著名的汉画像石。此外，在墓地神道两旁常树立各种石雕人像或动物雕像，其中代表性的有霍去病墓前的石雕群、杨统墓石雕及宗贤墓石雕等。南北朝时期石雕大量用在佛教石窟中，如云冈、龙门、炳灵寺、麦积山、敦煌等著名石窟雕像。以后历代陵墓仪卫雕塑、佛造像等石雕依然流行。石雕在中国还较多的出现在建筑上，如石桥、石塔、石牌坊及大量的宫廷、寺院和民宅建筑石质构件。

图166　砂岩雕　观音菩萨头像
北魏（6世纪）
河南龙门石窟
吉美博物馆藏

图167　石灰岩雕　菩萨立像
东魏-北齐（6世纪）
吉美博物馆藏

图168　石灰岩雕　菩萨半跏坐像
北魏（6世纪）
河南龙门石窟
吉美博物馆藏

图169　砂岩雕　抚琴伎乐菩萨像
北魏（6世纪）
山西云冈石窟
吉美博物馆藏

图170　石灰岩雕　观音菩萨坐像
宋（960－1279）
中国北方
吉美博物馆藏

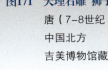

图171　大理石雕　狮子
唐（7－8世纪）
中国北方
吉美博物馆藏

五、牙角雕

牙雕是以象牙为主要材料雕刻的工艺品，其他如猛犸象、河马、野猪、海象、鲸等动物的牙也常作为牙雕的材料。

中国古代中原及西南地区均有大象生活，我国原始人类就曾将象牙雕刻成装饰品，到商代牙雕工艺已达到很高水平，《史记·微子世家》中记载："纣始为象箸"。此后历代的牙雕以其贵重的材质和精湛的技艺，始终成为我国工艺美术行业中的重要品种。

牙雕技法与竹雕、木雕大体相同，因牙雕料质地细密柔韧，牙雕工艺可以更加精巧细致，牙雕料甚至可以制作微雕。

角雕是以动物的角为主要材料雕刻的工艺品，材质主要有犀角、牛角、羊角、狍子角、鹿角等，其中以犀角雕刻品最为名贵。

角雕在中国也有悠久的历史，早在新石器时代，中国先民就用兽角制成装饰品和梳、篦等工具。角雕的工艺与竹、木、牙雕工艺基本类似，而角料，尤其犀角料质地呈半透明状，雕刻品经磨光后愈发晶莹剔透、温润可爱。

图172 象牙雕 毛雕 山水人物纹 圆笔筒

明 万历（1573–1620）

吉美博物馆藏

笔筒壁刻"淡月疏星绕建章，仙风吹下御炉香"，印"云月"；"侍臣鹄立通明殿，一朵祥云捧玉皇"，印"山居"；"雪消华月满仙台，万烛当楼宝扇开"，印"云月"；"宸游不数三元报，乐事还同万众心"，印"山居"。

"毛雕"是一种特殊的雕刻技巧，用尖细而锋利的刻刀划刻，执刀如执笔，起刀略重，行刀轻捷，线条细而圆转流畅，如绘画中的"高古游丝描"或飘逸的"兰叶描"。

图173 象牙雕 寿星像
明 万历–崇祯（1573–1644）
福建
吉美博物馆藏

图174 象牙雕 八仙之钟离权像
明末（1580–1640）
福建漳州
V&A博物馆藏

图175　象牙雕　八仙像（8件）

清初（17世纪）

福建

吉美博物馆藏

图176　犀角雕　观音菩萨坐像
　　明末–清初（1620–1660）
　　V&A博物馆藏

图177　犀角雕　螭纹　爵杯
　　清　乾隆（1736–1795）
　　吉美博物馆藏
　　清代康熙年间（1662–1722）著名匠师
　　尤通，江苏无锡人，曾被征入宫廷。
　　以雕刻犀角杯著名，其作品人称"尤
　　犀杯"。

六、玛瑙器

　　用玛瑙为材质雕刻的工艺品称"玛瑙器"。玛瑙是一种玉髓类矿物，古称"琼玉""赤玉"，半透明或不透明，有各种艳丽的颜色或美丽的纹理。品种有：冰糖玛瑙、深红玛瑙、大红玛瑙、红缟玛瑙、条纹玛瑙（截子玛瑙）、缠丝玛瑙、水草玛瑙、火玛瑙、水胆玛瑙等。常佩戴玛瑙器具有消暑、安神、改善内分泌、加强血液循环等功效；自古以来，玛瑙又被视为爱情、友善、吉祥、富贵的象征，并是"佛教七宝"之一。

图178　玛瑙 耳杯（6件）
清 康熙（1662–1722）
吉美博物馆藏

图179　玛瑙 耳杯
清 康熙（1662–1722）
吉美博物馆藏

七、紫砂器

　　紫砂器是指用紫砂泥料烧制成的工艺品，以江苏宜兴的紫砂壶最为有名。紫砂器以其泥料成分和烧造温度来看，应属介于陶和瓷之间的"炻器"。

　　紫砂器的泥料俗称"富贵土"，有紫泥、绿泥和红泥三种。烧成后的紫砂器也并非全都是紫色，其中有朱砂紫、枣红、榴皮、紫铜、海棠红、铁灰铅、葵黄、豆青、墨绿、青兰、闪色等丰富多彩的颜色。

　　明正德年间开始出现紫砂壶，据说创始人是龚春，也称"供春"。紫砂壶造型质朴端庄，浑厚古雅，用来泡茶"色香味皆蕴"，且"暑月越宿不馊"，因此，紫砂壶既有观赏性，又有实用性，成为紫砂器中最受欢迎品种。又由于历代制壶名匠辈出，紫砂壶的收藏价值也越来越高。

　　17、18世纪，中国茶叶在欧洲社会广为流行，宜兴紫砂壶跟随着茶叶的出口也流传到欧洲，并受到欧洲人的喜爱。17世纪初，在荷兰的代尔夫特开始仿制宜兴紫砂壶，以后，英国的伦敦、斯塔福德以及德国的梅森，也相继出现了宜兴紫砂壶的仿制品（附图3）。

附图3　紫砂胎 凤纹 茶壶
　　　　英国斯塔福德（1765年）
　　　　仿宜兴窑
　　　　大英博物馆藏

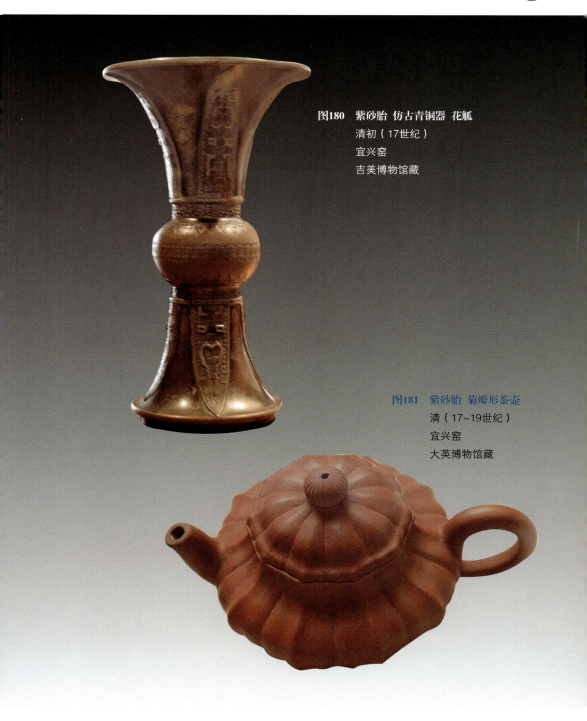

图180　紫砂胎　仿古青铜器　花觚
清初（17世纪）
宜兴窑
吉美博物馆藏

图181　紫砂胎　菊瓣形茶壶
清（17–19世纪）
宜兴窑
大英博物馆藏

图182 紫砂胎 魁星纹 云龙提梁 瑞兽钮茶壶

清初（17世纪）

宜兴窑

大英博物馆藏

●后记

　　2009年初，张怀林先生夫妇受中国美协委派，前往欧洲进行为期三个月的美术考察。临行前，我们策划了这套丛书。在欧洲期间他打来电话，兴奋地讲述他发现欧洲博物馆收藏的中华瑰宝出乎意料的丰富和精彩，我倍受鼓舞。本应三个月的考察，他申请延长了半个多月。回到北京，我赶到他家，看到拍摄的大量图片和英法意等文字的展览图注，我意识到后面的工作任务将十分艰巨。在这批图片里，我看到了他的夫人、著名画家杨宏伟女士为他拍摄的工作照片，我眼里充满了热泪，六十多岁的张先生，克服展品在展柜中无法取出的种种困难，或趴着、或跪着……返京后的一年多时间里，他闭门谢客，专心致力于图片的编辑和处理，文字的翻译，还动员了他远在美国的女儿、女婿。为了让读者在欣赏图片的同时能够获得更多的文化信息，作为一个学者的张先生，凭着他几十年的学识积累和对中国古代艺术品的深入研究，撰写了十几万字的内容，除了对这些工艺品的材料、器型、纹饰、色彩等主要特征及制作工艺、辨伪技巧加以介绍外，还对这些器物产生的历史背景和时代特征予以阐述，同时结合纹饰的内容和形式，介绍有关的历史典故和民俗传统；对这些艺术品在艺术风格上所形成的流派及发展和衍变过程，它们在美学上所产生的影响，近年来国内外拍卖市场的行情等，也都作了不同程度的说明。由于这些藏品现存于海外，他还特意介绍了中国工艺品在西方是如何受到狂热的追捧，及它们对西方艺术品制作所产生的巨大影响；同时，也介绍了西方学者在研究中国工艺品方面所取得的学术成就等。

　　2010年年底，这批书稿送到出版社，他如释重负，但整个人瘦了一圈。我翻着一页一页的书稿：优美的文字，丰富的知识，珍贵的图片，仿佛把我们带进了欧洲那一座座艺术圣殿。目前，许多出版物及互联网，对国内现存的工艺美术精品，从不同角度、不同层面分别进行了详细的介绍和精辟的研究。但是，大量流传在海外的中国工艺品在国内介绍的相对较少，这套《海外珍藏中华瑰宝》系列图书的出版，也填补了收藏类图书出版的这一空白。今天，当您手捧这一套十三本书时，我和您一样激动，感谢张怀林先生和他的夫人杨宏伟女士的辛勤付出，我们永远记在心里。

　　在编辑过程中，虽然我们尽心尽力，但水平有限，不足之处，恳望大家批评指正。

北京工艺美术出版社社长、总编辑　陈高潮